お菓子作りが
初めての方でも

お家で
ちゃーんと
作れて

ぜいたくに
独り占めしたり

イベントを
盛り上げたり

プレゼント
したり
するための
本です！

さっそく
作ってみよう！

こんなのもらったら
うれしいよね！

みなさん、カカオ〜！

チョコレートをこよなく愛する、YouTuberのSEIJIN（せーじん）です。
チョコが好きすぎて、パティシエでもショコラティエでもないのに、
けっこう本格的なチョコのスイーツを自宅で作っています。
※ごくふつうのマンションの小さなキッチンです。

はじめは、チョコの扱い方も下手で、何度も失敗しましたが、
あきらめずに手探りで調べては実験をくり返し、
素人には難しいと言われるチョコレートスイーツ作りのコツもわかってきました。
それがうれしくて、作る過程を動画で撮ってYouTubeで発表したら、
350万人を超える方にチャンネル登録していただくまでに！

この本では、そんな僕が作ってきた100品を超えるお菓子の中から、
特に人気のものを厳選して、作り方を徹底的に詳しくご紹介します。
誰でもひと目で分かるよう、すべての工程を写真つきにして、
〝これでもか！〟というくらい細かく解説しました。
たぶん、世界で一番ていねいなレシピ本じゃないかな、と思っています。

みなさんにも、ぜひお家で絶品スイーツを作っていただけると嬉しいです。

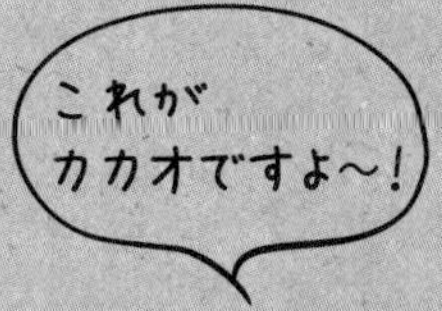

※
動画未公開の
新作レシピも
お楽しみに!!
※2020年1月10日現在

恥ずかしがり屋
なんでゆるして…

顔出しできず
ごめんなさい!!

INTRODUCTION

Part 1 王道チョコレートスイーツ

Part 2

フルーツ×チョコレートのスイーツ

Part 3 チーズ×チョコレートのスイーツ

Part 4 和テイストのチョコレートスイーツ

おまけ

この本の決まり

- ●大さじ1＝15㎖、小さじ1＝5㎖です。
- ●特に記載がない場合、以下のルールで記載しています。
- ・材料のチョコレートは製菓用クーベルチュールを使っています。
- ・生クリームは乳脂肪分35％程度のものを使っています。
- ・卵はLサイズ（黄身18～20g、白身38～40g）を使っています。
- ・ココアパウダーは純度100％で砂糖や粉乳不使用のピュアココアパウダーを使っています。
- ・電子レンジは500wでの加熱時間を示しています。ラップは不要です。
- ・オーブンや電子レンジの加熱時間は、お使いの機種によって異なります。表示時間を目安に、様子を見ながら調節してください。
- ・湯煎はやけどに注意して行ってください。

撮影／SEIJIN、
山田結花（KADOKAWA）
デザイン／林 陽子
DTP／片岡 稔
校正／あかえんぴつ
編集・構成／松尾はつこ
調理アシスタント／平井恵美

チョコレートスイーツは難しいと思っていませんか？

チョコレートスイーツの動画を発表すると、「おいしそう！」「食べたい！」という声に混じって「でも、家で作るのは難しそう……」というコメントもよくいただきます。

たしかに、チョコレートはとてもデリケートだから、そのおいしさを完全に引き出すには、専門的な知識や技術、特別な道具が必要です。「パティシエ」とは別に、チョコレート専門の「ショコラティエ」という職業があるくらいですから、やっぱり素人にはハードルが高く感じられますよね。

でも、ふつうの家庭のキッチンでも、基本的なルールを守っていねいに作れば、ちゃーんとできるチョコレートスイーツだってたくさんあるんです。

僕が数々の失敗から学んだコツは、左のページに書いた3つ。この本にのせたどのレシピも、この3つをしっかり押さえておくことで、失敗は格段に減らせるし、逆に仕上がりのおいしさはグンと上がります。

あとは、写真を見ながら真似するだけ。「難しそう」と敬遠しないで、「食べたい！」と思ったら、その気持ちに素直に従って、さあキッチンに行きましょう！

この本で超おいしいチョコレートスイーツを作るコツ

コツ 1

お菓子作りに適したチョコレートを選ぶこと

ひと口に「チョコレート」と言っても、「ダークチョコレート」と「ミルクチョコレート」では成分が違います。また、同じ「ダークチョコレート」でも、市販の板チョコと製菓用チョコレートでは、これまた成分が違います。成分が違えば、味だけでなく性質も扱い方も違うので、必ず材料をよく見て、レシピに適したチョコレートを用意するようにしてください。

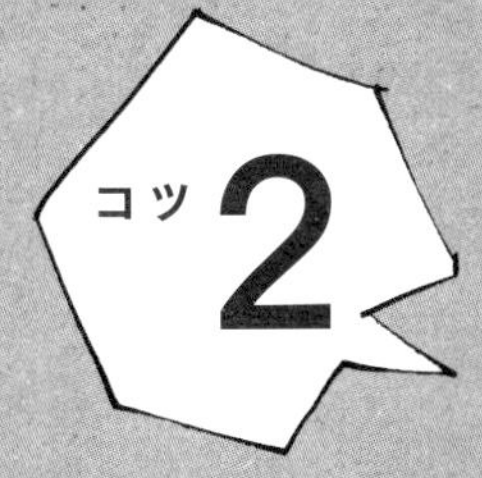

コツ 2

チョコレートを上手に溶かすこと

電子レンジで一気に加熱すると、一部分だけが焦げてしまうことがあります。冷たい生クリームに溶かしたチョコを無理やり混ぜるとボソボソになることも。チョコを溶かすときは、焦らずゆっくりチョコにつきあってください。また、チョコでコーティングする場合は、微妙な温度管理（テンパリング）も大切！　家庭でも簡単にできる方法を14〜15ページでご紹介します。

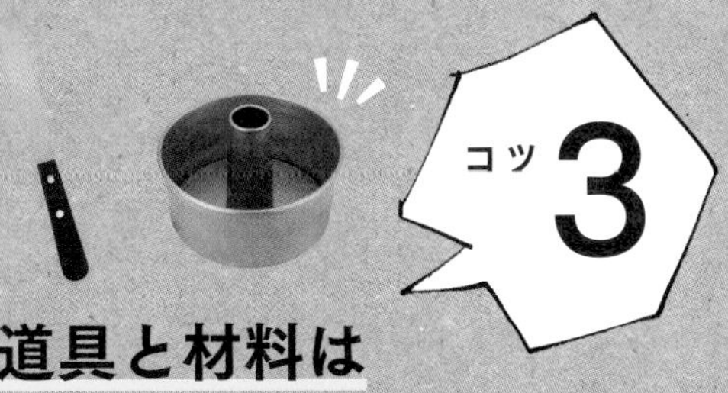

コツ 3

道具と材料は最初に揃えておくこと

よくある失敗として、もたもたしているうちに、溶かしたチョコが冷えてしまった、せっかく泡立てた卵白がしぼんでしまった、などのケースがあります。そうした失敗は、作り始める前に、いったんレシピを最後まで読んでざっくりと全工程を確認しておくだけでかなり防げます。また、あらかじめ材料と道具を全部揃えておくとスムーズに進めやすくなるはずです。

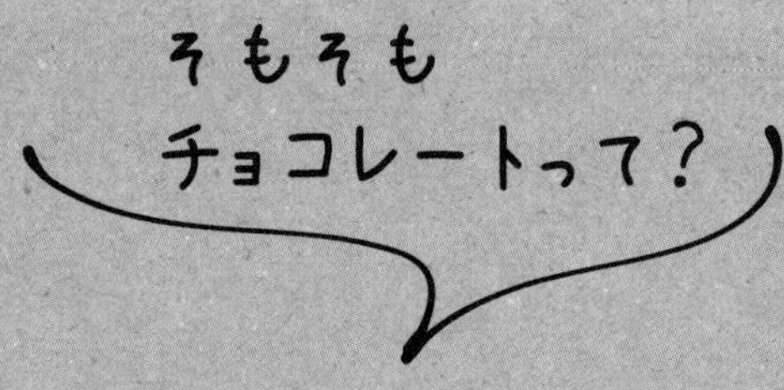

基本の材料はカカオ豆＋砂糖

カカオの実から取り出したカカオ豆を発酵・乾燥・焙煎の工程をへてすりつぶし、ペースト状の「カカオマス」にします。この「カカオマス」と、カカオにもともと含まれている「ココアバター」と呼ばれる油分、砂糖が、チョコレートの基本の材料です。商品として流通しているチョコレートは、この他に、植物性の油脂や乳化剤、香料や甘味料などが添加されていて、その配合によって味や性質が変わります。

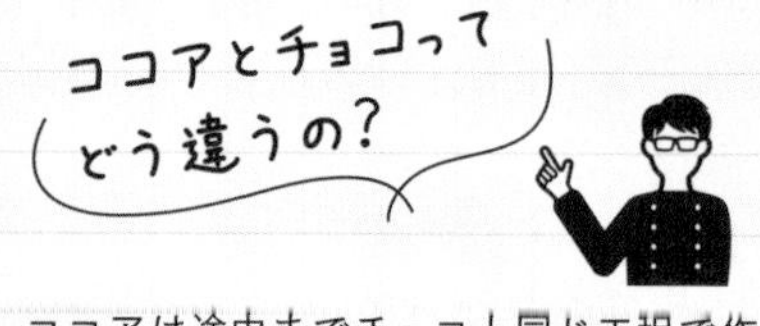

ココアは途中までチョコと同じ工程で作られます。「カカオマス」を搾って「ココアバター」を取り除き、残りをパウダー状に砕いたものが「ココアパウダー」。この本では、ココアパウダーの中でも純度100％の「ピュアココアパウダー」を使っています。飲料用の「調整ココア」等とは違うので、パッケージの表記をよく見て用意してください。

お菓子作りに適したチョコレートを選ぶこと

製菓用の「クーベルチュールチョコレート」がおすすめです

板チョコは安価でおいしく、「これでお菓子を作って何がいけないの？」と思いますよね。でも板チョコは、基本的にはそのまま食べるものとして作られていて、必ずしも製菓向きではありません。この本では、「板チョコでもOK」と書いていない場合は、「クーベルチュールチョコレート」という製菓用のチョコレートを使ってください。

この本で使う製菓用チョコの種類

クーベルチュールチョコにも基本的にはダーク、ミルク、ホワイトの３種類があります。その分類は含まれる成分の違いで、カカオ分が多いと色が濃く、苦味も増す傾向がありますが、一概には言えません。

ダークチョコレート

カカオマス＋ココアバター＋砂糖が主原料の、基本のチョコレートのこと。カカオ分（カカオマス＋ココアバター）と砂糖の割合によって甘みや苦味はさまざま。「スイートチョコレート」「ブラックチョコレート」「ビターチョコレート」とも呼ばれます。

カカオマス＋ココアバター＋砂糖
＋乳化剤や香料等

ミルクチョコレート

カカオマス＋ココアバター＋砂糖の他、乳成分が含まれているチョコレート。一般的にダークチョコレートより明るい茶色で、味もまろやかです。

カカオマス＋ココアバター＋
＋乳成分＋砂糖＋乳化剤や香料等

ホワイトチョコレート

カカオマスを圧搾して取り出したココアバターと乳成分、砂糖が主原料。チョコ独特の苦味の元になるカカオマスは含まれないので、よりまろやかで甘みを強く感じやすいです。抹茶やチーズといったクセのある素材と合わせやすいのも特徴です。

ココアバター＋乳成分＋砂糖
＋乳化剤や香料等

クーベルチュールって何？

ココアバターの割合が高い製菓用チョコレートのこと。なめらかにのびて繊細なコーティングなどに使われることから、フランス語で「カバー（覆い）」を意味する「クーベルチュール」と呼ばれています。コーティングだけでなく広い用途に使われていて、プロのチョコレートスイーツのほとんどはクーベルチュールで作られていると言っても過言ではありません。クーベルチュールの中でも、メーカーやカカオ分、フレーバーなどの違いで、いろいろな種類があります。

板チョコとどう違うの？

一番大きな違いは、ココアバターの割合です。クーベルチュールは板チョコよりココアバターの割合が高く、溶かしたとき、よりなめらかになります。また、板チョコにはココアバターではない代用油脂が使われていることがあります。そのため、この本で「板チョコでもOK」とあるレシピ以外に板チョコを使うと、クーベルチュールとは違う仕上がりになることがあります。

どこで売っているの？

製菓材料専門店か、インターネット通販で買うのが一般的です。製菓材料コーナーがある大きなスーパーや、百貨店などでも取り扱っていることがあります。

チョコレートを
上手に溶かすこと

お家でできる簡単なテンパリングのやり方

コーティングのチョコレートにツヤを出してしっかり固めるには、チョコを混ぜながら温度調節をする「テンパリング」という作業が必要です。料理用温度計は、製菓専門店やホームセンターのほか、100円ショップで扱っているところもあります(価格は100円ではありません)。

テンパリング1　水冷法

1 55℃前後の湯煎で溶かします

チョコを細かく刻み、ボウルに入れます。鍋に55℃前後のお湯を用意し、チョコを入れたボウルの底をつけて温めます。ボウルにお湯が入らないよう気をつけながら混ぜ、チョコの温度を50℃前後に上げます。

2 水にあてて温度を下げます

チョコが溶けたら湯煎から外し、ボウルの底を水につけます。ゴムベラなどで混ぜながらチョコの温度を27～28℃まで下げます。

3 再び湯煎で温度を上げます

全体が冷めたら、元の湯煎に戻して混ぜながらほんの少し温めます。目標は31～32℃。熱くなりすぎると、また最初からやり直しになるので、数秒ずつ湯煎につけながら様子を見てください。

4 テンパリングテストをします

溶けたチョコをナイフなどに薄くつけて冷蔵庫に入れます。5分ほどで固まったらOKです。固まっていないところがあるようなら、もう一度溶かしてやり直しです。

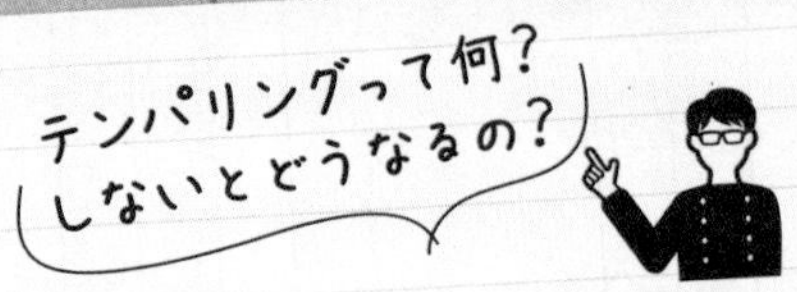

チョコを安定しておいしい状態にするため、混ぜながら50℃前後で溶かし、少し冷ましてまた上げる、という温度調節をすることです。これをしないと、チョコの表面にツヤが出ない、白く粉をふいたような状態になる、固まらない、などの失敗の原因になることがあります。温度はダーク、ミルク、ホワイトといったチョコレートの種類によって違いますが、ここでは、この本で使うダークチョコレートの例を紹介します。

ちなみに
生クリームに溶かすときは

生クリームを温めます
沸騰させすぎると風味が悪くなるうえ、チョコが分離することがあるので、鍋肌にプツプツ泡が立ったくらいで火を止めます。

チョコに注いで少し待ちます
チョコに温度が伝わらないうちに混ぜると分離することがあるので、温まるまで1分程度待ちます。

温まったら真ん中から混ぜます
ボウルの真ん中に泡立て器で小さく円を描くようにくるくるかき混ぜます。チョコが少しずつ溶けながら混ざるので、全体にきれいに乳化します。

テンパリング2　フレーク法

未使用のチョコを3：1に分けます
溶かすチョコを刻んで3:1に分け(目分量でOKです)、多い方をボウルに入れます。少ない方はさらに細かく刻んでおきます。

温度計があると便利

55℃前後の湯煎で溶かします
鍋に55℃前後のお湯を入れて、多い方のチョコを入れたボウルの底をつけて温めます。まわりからチョコが溶けてきたら、ゴムベラで混ぜながらゆっくり溶かしましょう。

湯煎から外して残りのチョコを加えます
溶けたら湯煎を外し、少ない方のチョコを加えて混ぜながらゆっくりと溶かします。31～32℃になったら、ナイフなどに薄くつけてテンパリングテストをしましょう。

僕の人生がカカオとともにあらんことを…!

電子レンジで溶かすときは数回に分けて混ぜながら

チョコを溶かすときは、電子レンジも便利です。チョコの温度が55℃を超えないよう、500wで10～20秒程度加熱しては取り出して混ぜる工程をくりかえします。少し溶け残っている程度でレンジから出し、残りは混ぜながら溶かしていきましょう。

道具と材料は最初に揃えておくこと

こんな道具を用意すれば、ぐーんと作りやすくなります

この本で作るチョコレートスイーツには、プロしか使わないような特別な道具は不要！　このページで紹介する道具があれば十分です。失敗なくラクしてきれいに仕上げるために、材料だけでなく、鍋やボウルなどの道具もあらかじめ調理台に出して用意しておくといいでしょう。

サクサク作ってガンガン食べよう！

正確に量ってしっかり混ぜるために

はかりはデジタルが断然便利！

ボウルなどをのせた状態の重量をゼロとする「ゼロ点設定」機能つきが便利です。

ボウルは電子レンジでも使える耐熱性を

電子レンジに入れることも多いので、耐熱ガラス製がおすすめです。

泡立て器やゴムベラは大小揃えて

少量のチョコやクリームを混ぜるときは、小さめサイズが使いやすいです。どちらも耐熱性のものを用意しましょう。

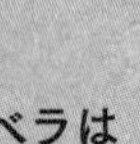

ハンドミキサーはマストアイテム

卵や生クリームの泡立てはハンドミキサーがあればラクラク。1500円以下のものもあるのでぜひ手に入れて。

生クリームやチョコの温めは小さめの鍋で

使いやすいのは直径15㎝前後の小鍋で、コンロに置いて倒れないもの。

きれいに仕上げるために

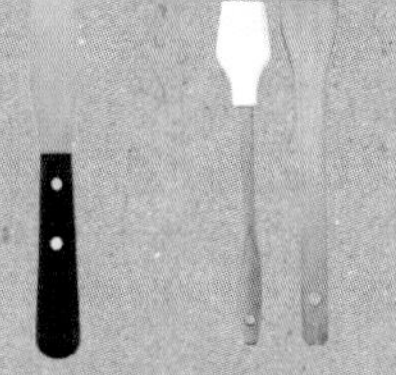

クリームにはパレットナイフ、シロップなどには刷毛

パレットナイフならふつうのナイフよりずっと広く塗れて使いやすいです。刷毛はシリコン製でも毛でもOK。

口金は3種類使っています

クリームや生地をしぼり出すのに、しぼり袋と口金が欠かせません。この本では、口金は丸型と星型、モンブラン等を使っています。

冷やし固めるときはふたつき保存容器で

角型の保存容器は、バット代わりにも使えます。ふたつきならラップを使わず密閉できるので便利です。

おいしく焼き上げるために

おいしく焼き上げるために この本で使う型は7種類！

ケーキ型の丸型、スクエア型は、底が取り外せると便利。タルト型は丸、長方形と小さめのリングの3種類を使っています。タルトストーンは、なければあずきでも代用できます。

型や天板にはこれを敷きます

底がないタルトリングでタルトを焼くときは、オーブンの天板にシリコン製のベーキングシートを敷きます。なければアルミホイルでも。

生地がくっつきにくいようクッキングシートを使いましょう。キッチンペーパーと間違えないよう気をつけて。

フライパンはフッ素樹脂加工がおすすめ

パンケーキやどら焼きが、油なしでムラなくきれいに焼けます。

焼き上がったらここで冷まして

ケーキクーラーがあれば、底に熱と湿気がこもらず冷めやすくなります。

クッキングシートの使い方

▲
動画はココ
（0：20～）

クッキングシートは、ケーキ型に敷くほか、
箱型に折ってスクエア型として使うこともできます。
生地を作り始める前にあらかじめ準備しておきましょう。

パウンド型にセットする方法

1

クッキングシートの上にケーキ型を載せ、長さを測って折り目をつけます。

2

ケーキ型の長さに合わせてクッキングシートを折り、もう一度ケーキ型をのせます。

3

ケーキ型の幅を測って折り目をつけます。

4

一度広げて……

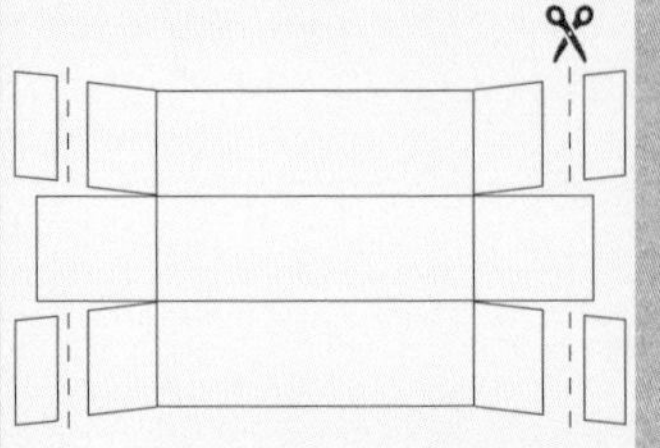

5

図のようにハサミで切ります。

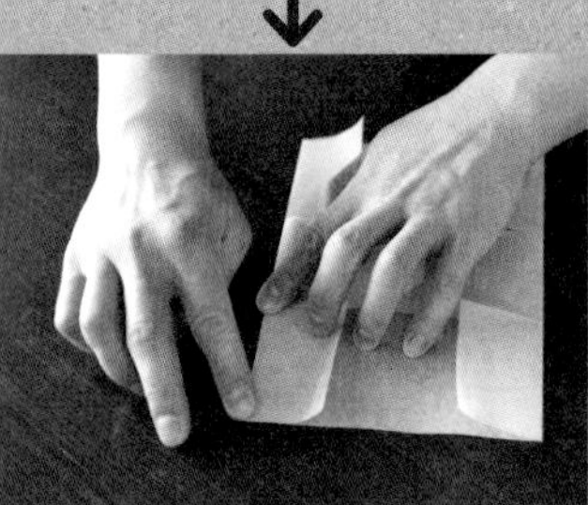

6

箱型に折って……

7

型の内側に入れて広げます。

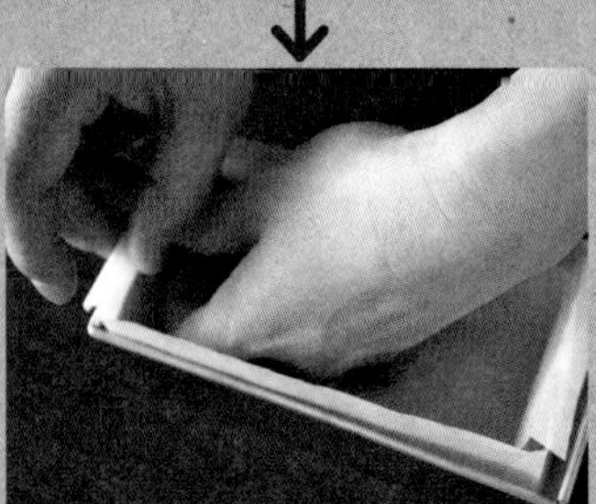

8

あまった端を外側に折り返して完成です。

◀
動画はココ
（7：25～）

生チョコ型を作る方法

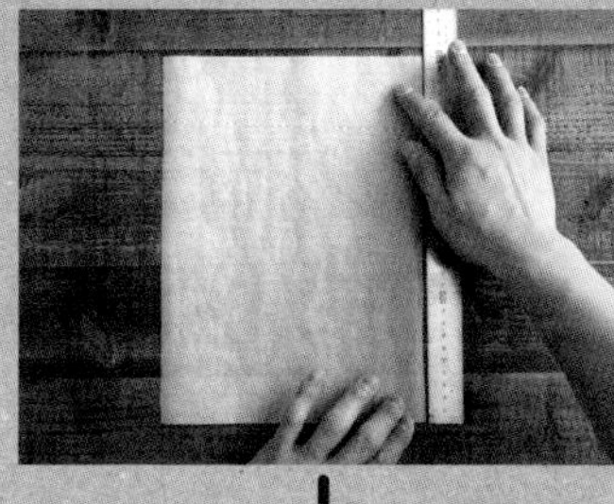

1

クッキングシートを作りたい型に合わせて切ります。たとえば、18㎝角にするなら22×30㎝程度に切りましょう。

2

半分に折って……

3

さらに半分に折ります。

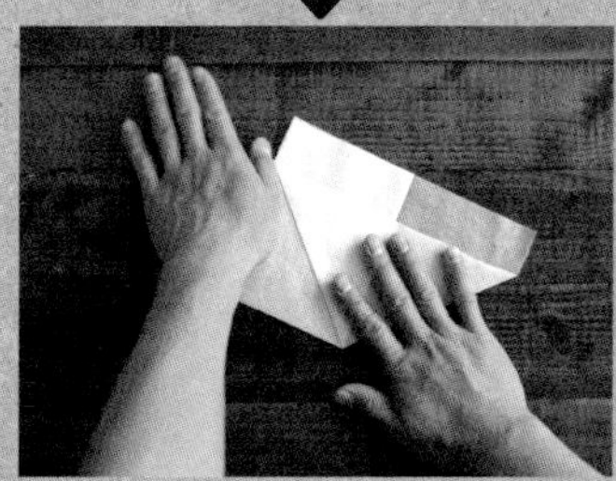

4

折り目を開き、三角形になるように折ります。

5

反対側も同様に、三角形になるように折ります。

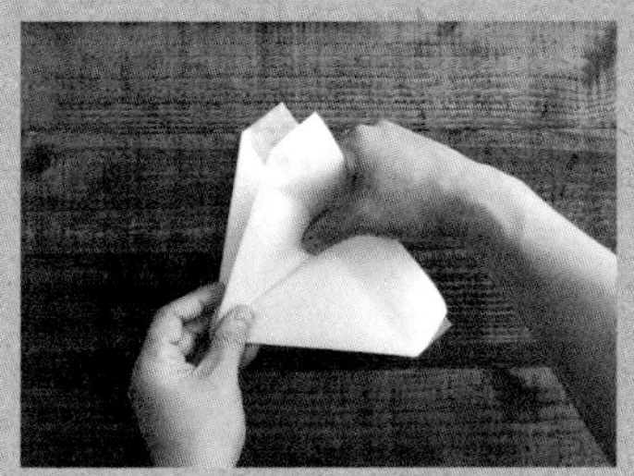

6

真ん中の折り目が内側に隠れるように折り返します。

7

両端を折って……

8

矢印の部分が18㎝になるようにします。

9

縁を外側に折り返します。反対側も同様に折ります。

10

縁を引っ張って開き、形を整えて完成です。

01

甘くなめらかな口溶けに、コーヒーキャラメルの香りを添えて

コーヒーキャラメル生チョコレート

バレンタインなどのギフトにおすすめの生チョコレート。茶色い四角形が整然と並ぶ様子から、「パヴェ・ドゥ・ショコラ(石畳)」とも呼ばれます。キャラメルとコーヒーの風味を加えてオリジナリティを出しました。
本格的なスイーツですが、要はチョコを溶かして生クリームとバターとキャラメルを混ぜて固めるだけなので、作り方はいたってシンプル。コーヒーはお好みで増量してもOKです。量産もしやすいから、ぜひたくさん作ってシェアしてください。

▲
レシピ動画はココ

材料　2.8㎝角の生チョコレート36個分

ダークチョコレート(ブラックの板チョコでもOK)　200g
無塩バター　50g
生クリーム　150㎖
インスタントコーヒー　3～5g
グラニュー糖　50g
ココアパウダー　適量

下準備

クッキングシートで18×18㎝の型を作ります(P19参照)。

STEP 1 生チョコを作ります

1 チョコとバターを刻む

チョコを細かく刻み、ボウルに入れます。

ダークチョコレート 200g

バターを1㎝角程度に切り、そのまま室温においておきます。

無塩バター 50g

2 生クリームとコーヒーを混ぜる

コーヒーの量はお好みで

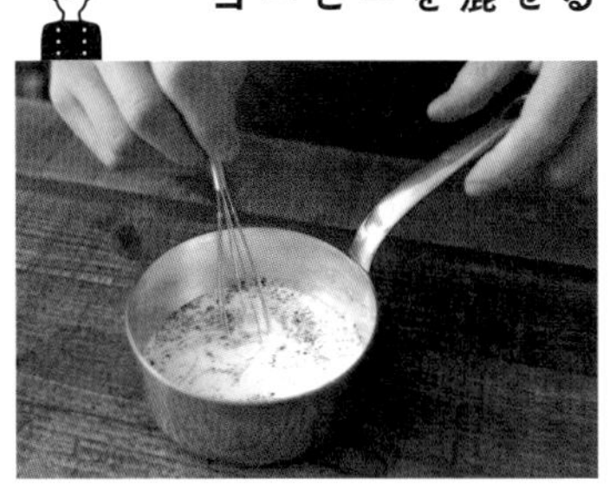

小鍋に**生クリームの半量**とインスタントコーヒーを入れて混ぜます。

生クリーム 75mℓ

インスタントコーヒー 3～5g

残りの生クリームを入れてさらに混ぜます。

生クリーム 75mℓ

中火で温めながら混ぜ、コーヒーが溶けたら火を止めます。

3 コーヒーキャラメルを作る

フライパンに**グラニュー糖の1/3量程度**を入れ、弱めの中火で温めます。

グラニュー糖 20g

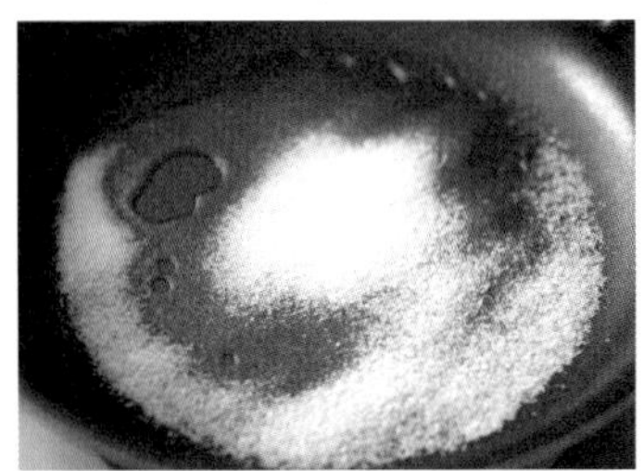

溶けてきたら、残りのグラニュー糖を**2回に分けて溶かしながら**加えます。

グラニュー糖 30g

端から色づいてきたら、フライパンを回して混ぜます。

STEP 2 冷やし固めます

3 つづき

泡が大きくなって茶色が濃くなったら……

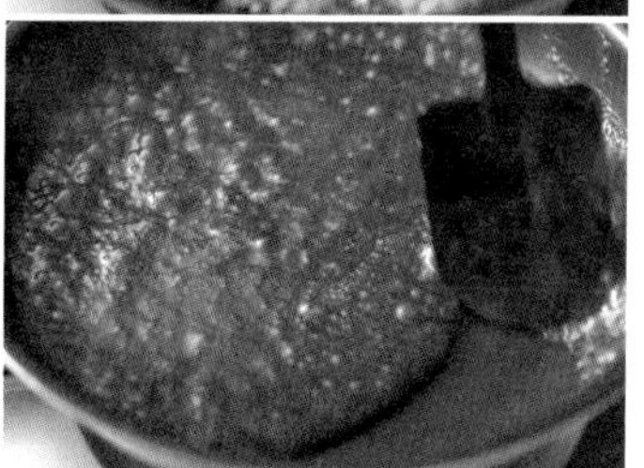

2を加えて手早く混ぜます。

4 チョコとバターにコーヒーキャラメルを混ぜる

1のチョコに3のコーヒーキャラメルを流し入れます。

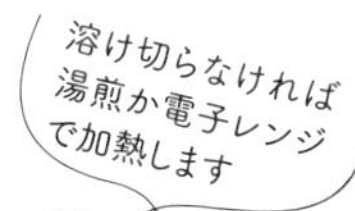

しばらくおいてチョコが温まったら、溶かしながら混ぜます。

チョコが溶けたら、1のバターを加えて混ぜます。

5 冷やして切る

バットにクッキングシートで作った型を入れます。すき間があったら箸などを詰めて固定します。

4を流し入れ、軽く回して深さを均一にします。ふたをして**冷蔵庫でひと晩**冷やし固めます。

固まったら、温めた包丁で4辺を5㎜ずつ切り落とし、2.8㎝角に切り分けます。最後にココアパウダーをふりかけます。

 **ココアパウダー　適量**

02

生クリームたっぷりのチョコが、口の中でふわりととろける

はちみつ生チョコトリュフ

コーティングのチョコをカリッと噛むと、ガナッシュが口の中でトロ～ッと溶ける、本格的なトリュフです。はちみつとラム酒でコクと香りをつけました。製菓用クーベルチュールを使うのがおすすめですが、板チョコでも作れます。手のひらで転がしてコーティングすると、まるでお店で売っているような丸くて上品な仕上がりに。チョコを溶かしたボウルに入れてスプーンで転がすと、コーティングにムラができて手作りらしい温かみのある雰囲気になります。

▲
レシピ動画はココ

材料　直径2.5cmのトリュフ12～13個分

ミルクチョコレート(板チョコでもOK)　100g
生クリーム(乳脂肪分45%程度)　70mℓ
はちみつ　8g
(お好みで)ラム酒　5mℓ
(ラム酒を入れる場合は生クリームを5mℓ減らす)
ダークチョコレート　100g
ココアパウダー　適量

製菓道具

ビニール手袋

下準備

バットにクッキングシートをセットします(P18参照)。

STEP 1 ガナッシュを作ります

1 チョコを刻む

チョコを細かく刻み、ボウルに入れます。

ミルクチョコレート 100g

2 チョコと生クリームを混ぜる

小鍋に生クリームを入れ、はちみつと、ラム酒を加えます。

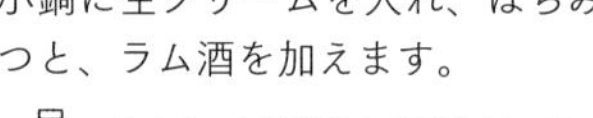

生クリーム（乳脂肪分45％程度） 70mℓ

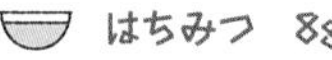
はちみつ 8g

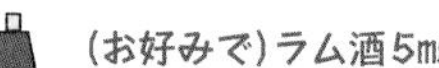
（お好みで）ラム酒5mℓ

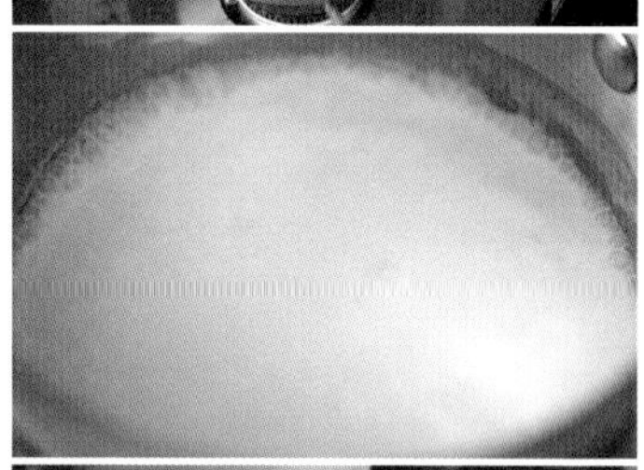

弱火で温めながら混ぜ、鍋肌がプツプツと泡立ったら火を止めて、1に加えます。

しばらくおいてチョコが温まったら、真ん中から混ぜて溶かします。

クッキングシートを敷いたバットに流し入れ、軽く回して深さを均一にします。**ラップをかけて冷蔵庫で1時間**冷やし固めます。

STEP 2 コーティングします

3 丸めて冷やす

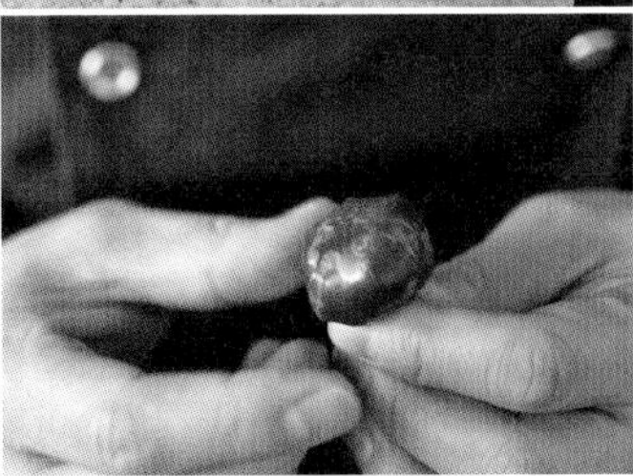

2を冷蔵庫から出して1/12量ずつラップに取り分け、巾着状にしぼって丸めます。

この状態で冷凍庫に入れます。何度か取り出して形を整えながら冷やし固めます。

4 チョコでコーティングする

チョコを細かく刻み、溶かしてP14～15の要領でテンパリングします。

ダークチョコレート　100g

100円ショップなどの
使い捨て手袋があると便利！

手袋をつけて溶かしたチョコを手のひらに塗り、3のガナッシュをのせて転がします。**冷蔵庫で冷やし固めながら**、合計2～3回これをくりかえします。

TOOL ビニール手袋

5 ココアパウダーをまぶす

完成！

ココアパウダーを広げた皿などにのせて転がします。

ココアパウダー　適量

★★★

CACAO NOTES

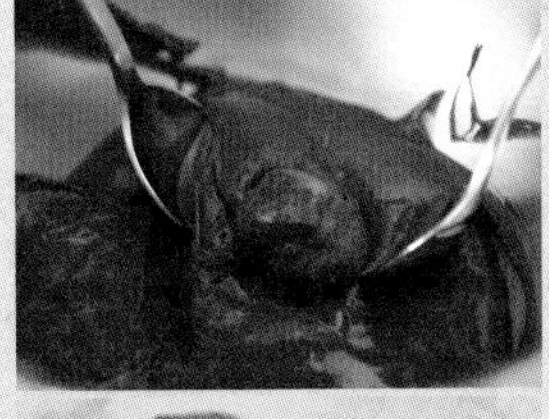

少し形がいびつになりますが、チョコを溶かしたボウルに3を入れて、スプーンで転がしてコーティングしてからココアパウダーをまぶしても。その場合、コーティングは2回でOKです。

03

中はしっとり。はちみつとナッツが香るチョコスイーツの定番

ハニーチョコブラウニー

材料を混ぜて焼くだけ。短時間で簡単に作れるブラウニーは、お菓子作りの初心者にもおすすめです。これは、はちみつ仕立てで、中は驚くほどしっとり。くるみの歯ごたえも最高で、正直「ブラウニーってこんなにおいしかったっけ？」と思うくらいの自信作です。
そのままでもおいしいですが、ルックスが地味めなので、ホワイトチョコレートでデコって見た目をちょっとゴージャスに！

▲
レシピ動画はココ

材料　15×15㎝のスクエア型1個分

【ブラウニー】

ダークチョコレート　60g
無塩バター　40g
グラニュー糖　20g
はちみつ　20g
生クリーム　30㎖
卵　1個
薄力粉　30g
アーモンドパウダー　10g
くるみ（ローストしたもの）　30g

【デコレーション】

ホワイトチョコレート　80g

製菓道具

15×15㎝のスクエア型

下準備

卵を常温に戻します。
くるみを粗く刻みます。
スクエア型にクッキングシートをセットします（P18参照）。
オーブンを180℃に予熱します。湯煎に使うお湯を用意します。

STEP 1 生地を作ります

1 ボウルに材料を入れる

チョコを刻んでボウルに入れ、バターを加えます。

- ダークチョコレート　60g
- 無塩バター　40g

グラニュー糖、はちみつ、生クリームを加えます。

- グラニュー糖　20g
- はちみつ　20g
- 生クリーム　30mℓ

2 材料を溶かして混ぜる

1を**湯煎で温め、材料を溶かしながら**混ぜます。

★★★
CACAO NOTES

湯煎の温度が高すぎると、卵を入れたときボソボソになってなめらかに混ざらないことがあります。生地が60℃を超えないように注意してください。

3 卵を加える

チョコとバターが溶けたら湯煎から外し、卵を加えて混ぜます。

- 全卵　1個分

STEP 2 焼きます

4 粉類とくるみを加える

粉類をふるい入れ、ざっくりと混ぜます。

薄力粉　30g

アーモンドパウダー　10g

刻んだくるみを加えてさらに混ぜます。

Nuts くるみ　30g

5 型に入れて焼く

クッキングシートを敷いた型に4を流し入れ、型ごと2〜3回軽く台に落として気泡を抜きます。

TOOL 15×15cmのスクエア型

これくらい膨らむことがありますが冷めたらしぼむので大丈夫

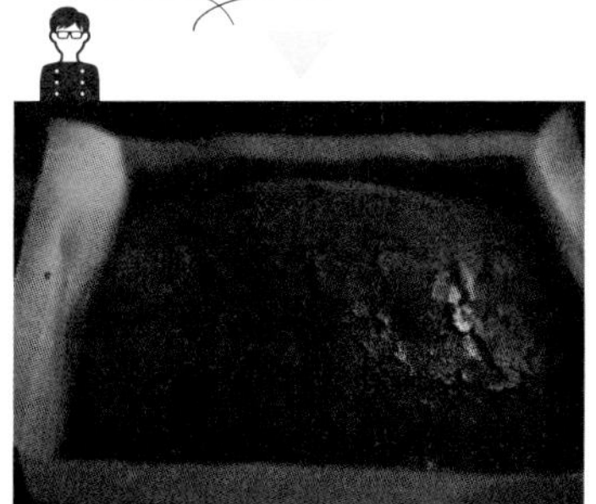

180℃に予熱したオーブンに入れて**温度を170℃に下げ、25分**焼きます。

粗熱がとれたら型から外し、食べやすい大きさに切り分けます。

STEP 3 仕上げ

6 チョコをかける

チョコを細かく刻み、湯煎か電子レンジで温めて溶かします。

ホワイトチョコレート　80g

完成!

5にスプーンなどでライン状にかけます。

04

パウンドケーキの枠を超えた、シルクのようなきめ細かさ

チョコレートと米粉のパウンドケーキ

バターも小麦粉も不使用。代わりに米粉と生クリームを使っているので、ふつうのチョコケーキより、しっとりとしたシルクのような舌触りが特徴です。どっしりとして食べごたえがあり、仕上げのチョココーティングも存在感たっぷり。
本来パウンドケーキとは、バター・小麦粉・卵・砂糖を1ポンドずつ使って作るケーキを指していて、バターを使っていないとパウンドケーキとは呼べないのですが、パウンド型で焼いているので許してください(; ω ;*)。

▲
レシピ動画はココ

材料　18×8.5㎝のパウンド型1個分

【パウンドケーキ】

卵　2個
上白糖　90g
米粉　90g
ココアパウダー　15g
生クリーム　100㎖

【デコレーション】

ダークチョコレート　120g
くるみ(ローストしたもの)　適量

製菓道具

18×8.5㎝のパウンド型

下準備

卵を常温に戻します。
くるみを粗く刻みます。
パウンド型にクッキングシートをセットします(P18参照)。
オーブンを190℃に予熱します。
湯煎に使うお湯を用意します。

STEP 1 生地を作ります

1 卵を泡立てる

卵に上白糖を加えて混ぜます。

- 全卵　2個分
- 上白糖　90g

湯煎で温めながら、ハンドミキサーで**白っぽくなるまで**泡立てます。

2 粉類を加える

粉類はあわせてふるいます。

- 米粉　90g
- ココアパウダー　15g

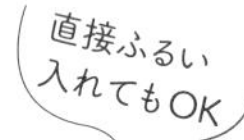

1に少しずつ加えて混ぜます。

3 生クリームを加える

ボウルに生クリームを入れ、**氷水にあてながら、すくうとトロッと落ちる程度に**泡立てます。

- 生クリーム　100ml

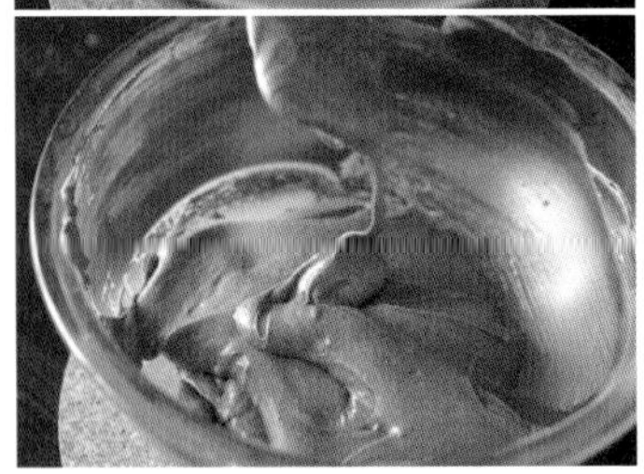

2に加え、ムラがなくなるまでよく混ぜます。

CACAO NOTES

卵は40℃くらいに温めると泡立ちがよくなります。ただし、温度が高すぎると固まってしまうことがあるので、50〜60℃くらいのお湯がおすすめです。

STEP 2 焼きます

4 型に入れて焼く

クッキングシートをセットしたパウンド型に3を流し入れます。

TOOL 18×8.5㎝のパウンド型

190℃に予熱したオーブンに入れて**温度を180℃に下げ、35分**焼きます。

型から出し、クッキングシートをはがして冷まします。

STEP 3 デコレーション

5 チョコを溶かす

チョコを細かく刻み、ボウルに入れます。

ダークチョコレート 120g

溶かしてP14〜15の要領でテンパリングします。

6 チョコをかける

4の上面に5をたっぷりかけます。

くるみをのせ、**冷蔵庫で1時間以上**冷やし固めます。食べやすい大きさに切り分けてできあがり。

Nuts くるみ　適量

05

しっとりモチモチの食感で、朝食にもおやつにも

米粉と豆腐のチョコレートパンケーキ

流行のパンケーキを、チョコレートカカオバージョンにアレンジするとこんな感じ。豆腐と米粉でモチモチに仕上げたパンケーキを、小さめサイズで焼いてタワーに。チョコといちごでさらに武装してSNS映えも万全です！　豆腐をトロトロのクリーム状にして混ぜ込むことで、クセや匂いはまったく感じさせずに、生地のモチモチ感を出しました。
チョコレートのせせらぎが聞こえてくるような、爽やかな朝にぴったりのメニューですね（意見には個人差があります笑）。

▲
レシピ動画はココ

材料　直径約8cm 約16枚分

【パンケーキ】

絹ごし豆腐　200g
米粉　90g
きび砂糖　30g
ココアパウダー　15g
ベーキングパウダー　3g
卵　2個

【デコレーション】

ダークチョコレート　130g
いちご　5〜6個

製菓道具

フッ素樹脂加工のフライパン

STEP 1 生地を作ります

① 豆腐クリームを作る

泡立て器をボウルに押し付けるように

豆腐を8等分くらいに切ってボウルに入れ、泡立て器で混ぜます。

絹ごし豆腐　200g

ここでなめらかにしておくとよりしっとり仕上がります

さらにゴムベラで**しっかりとダマをつぶし、クリーム状に**します。

★★★
CACAO NOTES

ミキサーかフードプロセッサーを使うのがおすすめ。よりなめらかになり、豆腐独特の匂いもなくなります。

② 卵と粉類を加える

粉類をあわせてふるいます。

米粉　90g

きび砂糖　30g

ココアパウダー　15g

ベーキングパウダー　3g

ボウルに卵を溶きほぐします。白身をしっかり切りましょう。

全卵　2個分

ふるった粉類を加えて……

粉っぽさがなくなるまで混ぜます。

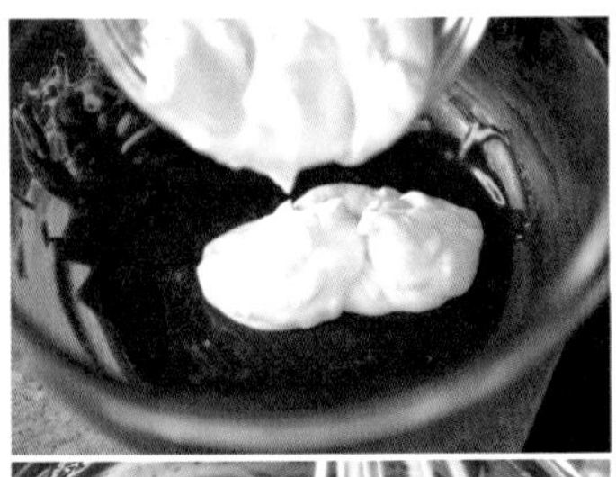

①の豆腐クリームを加え、ムラがなくなるまでさらに混ぜます。

STEP 2 焼きます

③ フライパンで両面焼く

フッ素樹脂加工のフライパンを中火で15～20秒熱し、**ぬれ布巾にのせて冷まします。**

TOOL フッ素樹脂加工のフライパン

油は不要です

②を直径8cm程度に丸く流し入れ、弱めの中火で焼きます。

写真のように**表面にプツプツと気泡が出てきたら裏返し**、反対側も軽く焼いて取り出します。

STEP 3 デコレーション

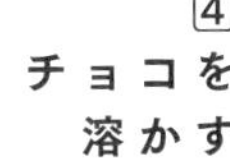

④ チョコを溶かす

チョコを細かく刻み、耐熱ボウルに入れます。

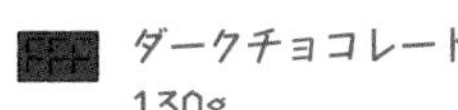 ダークチョコレート 130g

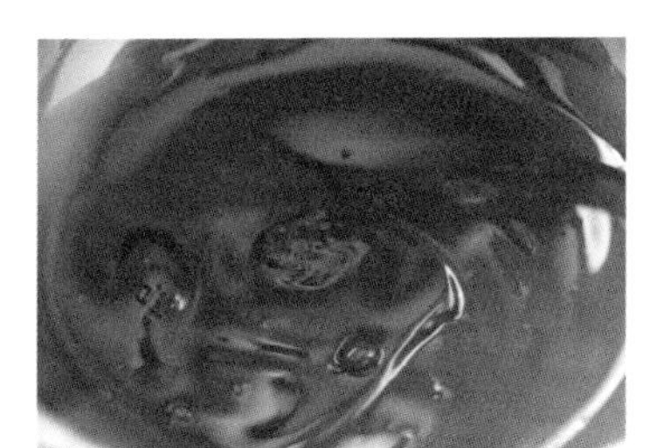

電子レンジで20秒加熱し、取り出してゴムベラで混ぜます。これを**3回くりかえして**溶かします。

いちごはへたをとって食べやすい大きさに切ります。

Fruits いちご　5～6個

⑤ チョコをかける

このままでもおいしいし、はちみつやバターで食べてもGOOD！

器に③のパンケーキを重ねます。

完成！

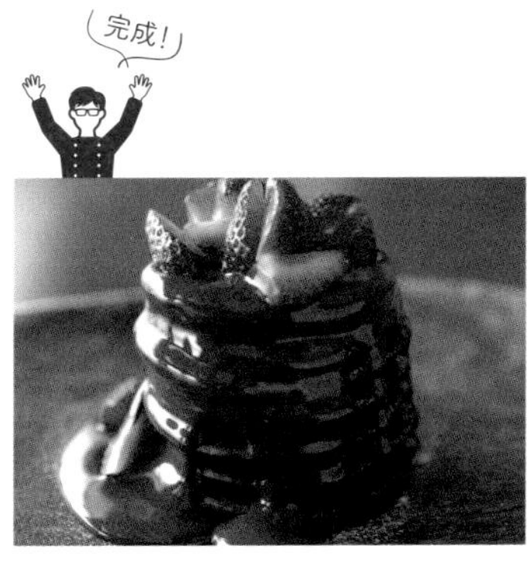

④のチョコレートをたっぷりとかけ、切ったいちごをのせて完成！

06

板チョコと水だけで作る、究極のシンプルレシピ

ムース・オ・ショコラ

フランスの科学者が考案した、チョコと水だけで作るムースを、市販の板チョコと水道水で作れるよう調整しました。チョコに水を加えるという驚きのレシピですが、軽くなめらかな口溶けに仕上がります。

▲
レシピ動画はココ

材料　直径9×高さ5.5cmの器1個分

ブラックの板チョコ※　1枚(50g)
水　35mℓ

※一般的なミルクチョコだと甘さが強すぎるので、必ずブラックの板チョコを使ってください。

下準備

湯煎に使うお湯を用意します。

1 チョコと水を混ぜる

この本では「明治ブラックチョコレート」を使っています

板チョコを細かく刻み、ボウルに入れます。

ブラックの板チョコ　50g

水を加え、湯煎で温めてチョコを溶かしながら混ぜます。

水 35mℓ

2 泡立てる

溶けてサラサラになったら、**氷水にあてながらハンドミキサーでとろみがつくまで**泡立てます。

3 器に入れて冷やす

完成!

器に流し入れてラップをかけ、**冷蔵庫で2時間程度**冷やし固めます。

★★★
CACAO NOTES

板チョコの種類によって配合が違うので、「明治ブラックチョコレート」以外のチョコレートだと、仕上がりが違うことがあります。

07

ふわっふわの生地に、濃厚なチョコクリームをまとわせて

チョコレートシフォンケーキ

"見た目はシンプルだけど、意外と難しい"と噂のシフォンケーキに挑戦。ふんわり軽く焼き上げるポイントは、粉類をしっかりふるっておくことと、卵白をきめ細かく泡立てることです。卵白が半分シャリシャリに凍った状態で泡立て始めると、泡立ちやすくなります。
焼き上がりは、ふんわりしているのにしっとりしていて驚くほどおいしく、これだけで紅茶と楽しむのもアリ！　でも、濃厚なクリームにカリッとしたくるみを加えて食べると、また格別です。

▲
レシピ動画はココ

材料　直径17cmのシフォン型1個分

【シフォンケーキ】

薄力粉　70g
ココアパウダー　12g
ベーキングパウダー　3g
卵　3個
グラニュー糖　70g
（卵白用・卵黄用に各35g）
牛乳　50mℓ
サラダ油　50mℓ

【チョコレートクリーム】

ダークチョコレート　50g
生クリーム　200mℓ
グラニュー糖　20g

【デコレーション】

生クリーム　100mℓ
グラニュー糖　10g
くるみ（ローストしたもの）
少々
チョコレートシロップ　適量
ココアパウダー　少々
（あれば）ミントの葉　少々

製菓道具

直径17cmのシフォン型
パレットナイフ

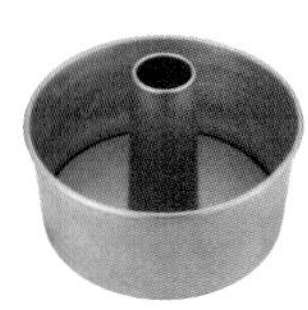

下準備

オーブンを190℃に予熱します。
湯煎に使うお湯を用意します。

STEP 1 生地を作ります

1 粉類をふるう

粉類をあわせてふるいます。

- 薄力粉 70g
- ココアパウダー 12g
- ベーキングパウダー 3g

2 卵黄を泡立てる

卵を卵白と卵黄に分けます。**卵白は冷凍庫に**入れます。

- 卵黄・卵白 各3個分

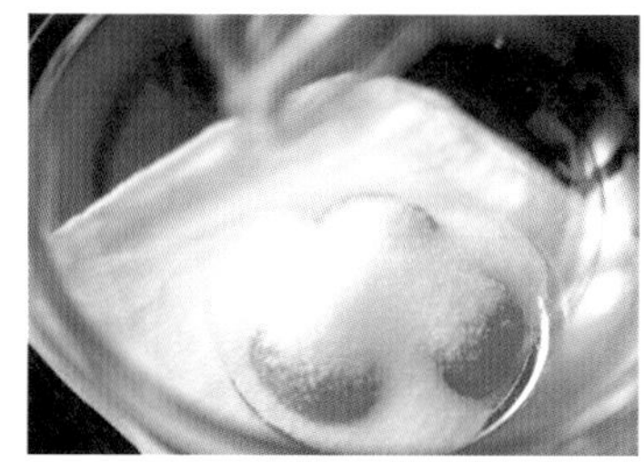

卵黄にグラニュー糖の半量を加えて混ぜます。

- グラニュー糖 35g

湯煎で温めながら、ハンドミキサーで**白っぽくもったりするまで**泡立てます。

すくうとリボン状にたれるくらい

3 牛乳、サラダ油、粉類を加える

ゴムベラからサラサラ流れるくらいになるまで

2に牛乳とサラダ油を加えて混ぜます。

- 牛乳 50mℓ
- サラダ油 50mℓ

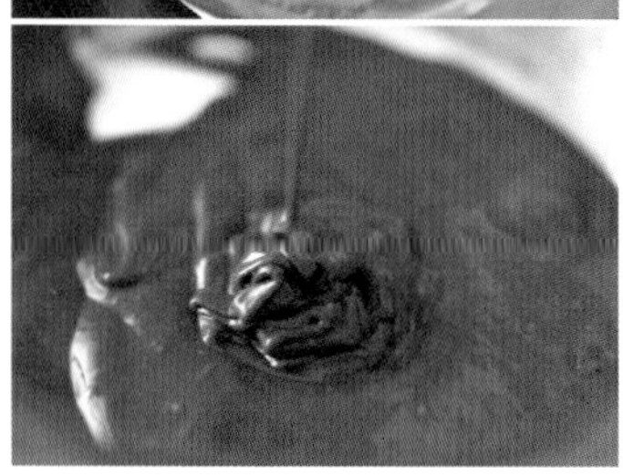

1の粉類を加え、粉っぽさがなくなるまで混ぜます。

STEP 2 焼きます

④ 卵白を泡立てる

冷凍庫から卵白を出してハンドミキサーで軽くほぐし、残りのグラニュー糖を加えます。

グラニュー糖　35g

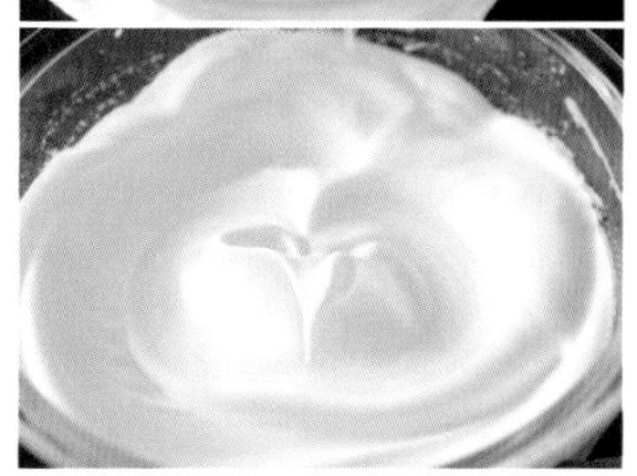

ハンドミキサーで**固く角が立つまで**泡立てます。

⑤ 卵白を加える

③の生地に④**の1/3量**を加えてよく混ぜます。

残りの④を加え、気泡をつぶさないよう、ゴムベラでボウルの底から持ち上げるようにしてムラがなくなるまで混ぜます。

⑥ 型に入れて焼く

シフォン型に⑤を流し入れ、2〜3回軽く台に落として気泡を抜きます。

TOOL **直径17㎝のシフォン型**

竹串などを刺して、生地がついてくるようなら3分ずつ様子を見ながら焼きましょう。

190℃に予熱したオーブンに入れて**温度を180℃に下げ、28分**焼きます。

ケーキがしぼむのを防ぎます

瓶などに逆さに挿して冷まします。

《 次ページへ続きます

STEP 3 チョコレートクリームを塗ります

7 型から外す

生地の外側に包丁を差し込み、ぐるりと回します。

外側の型を外し、底面と内側にも包丁を差し込みます。

逆さにして内側の型を外します。

8 チョコと生クリームを混ぜる

チョコを細かく刻み、ボウルに入れます。

ダークチョコレート 50g

これくらい

小鍋に**生クリームの半量**を入れ、中火で温めます。鍋肌がプツプツと泡立ったら火を止めて……

生クリーム 100㎖

刻んでおいたチョコに加えます。

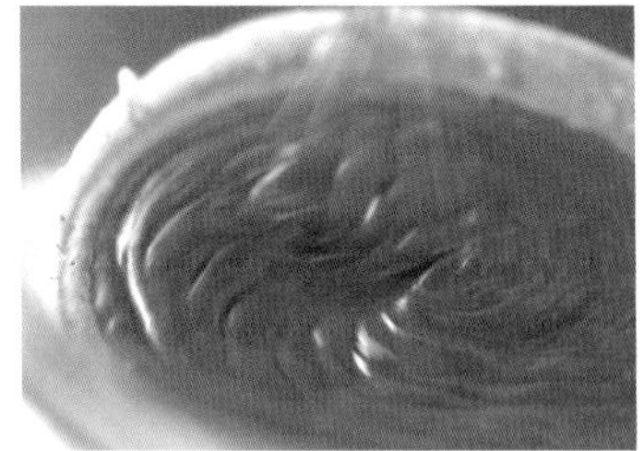
しばらくおいてチョコが温まったら、真ん中から混ぜて溶かします。

チョコが温かいうちに手早く

グラニュー糖と残りの生クリームを加えて混ぜます。

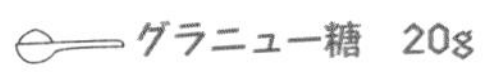
グラニュー糖 20g

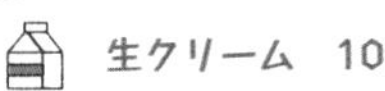
生クリーム 100㎖

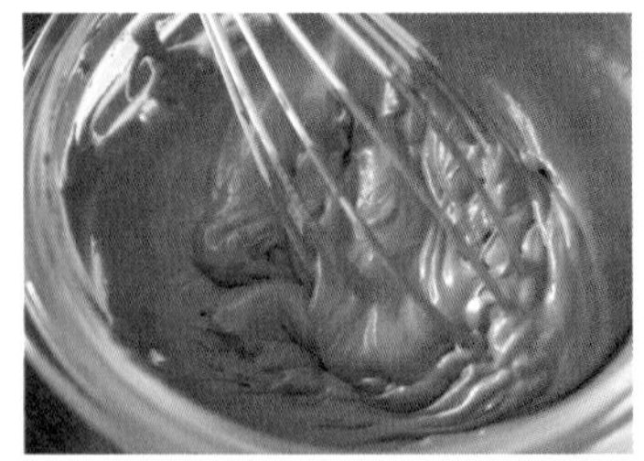
混ざったら、**氷水にあてながらトロッとするまで**泡立てます。

STEP 4 デコレーション

9 クリームを塗る

7に8のクリームをたっぷりのせ、パレットナイフで塗ります。塗れたら**冷蔵庫で1時間**冷やします。

TOOL パレットナイフ

10 ホイップクリームを作る

生クリームにグラニュー糖を加え、**氷水にあてながら八分立てくらいに**泡立てます。

- 生クリーム　100mℓ
- グラニュー糖　10g

11 ホイップクリームをかける

パン切り包丁が切りやすいです

温めた包丁で食べやすい大きさに切ります。

10のホイップクリームをのせ、チョコレートシロップをかけます。

- チョコレートシロップ　適量

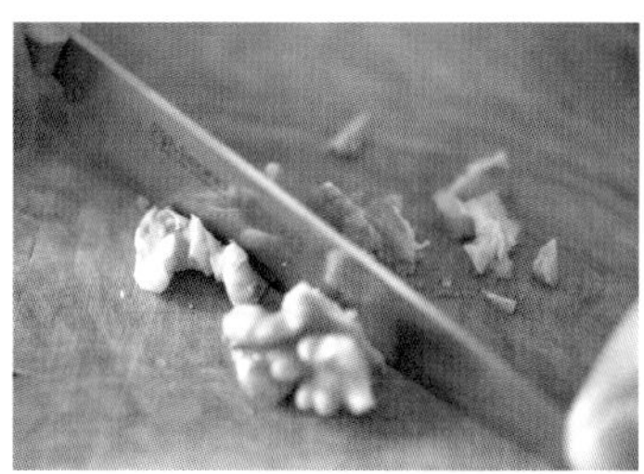

くるみは粗く刻みます。

Nuts くるみ　少々

完成!

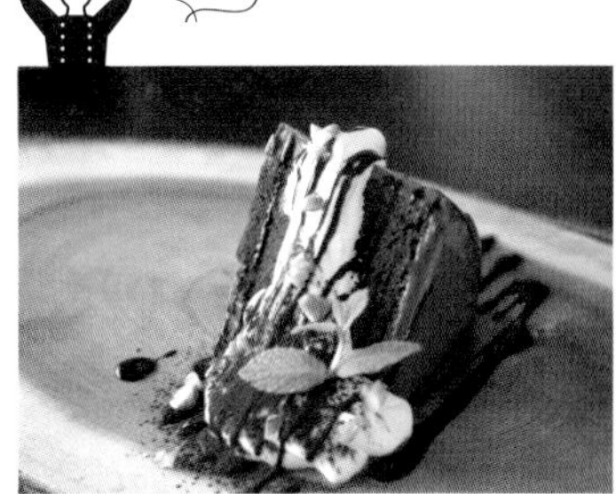

くるみをのせてココアパウダーをふりかけ、あればミントの葉を飾ります。

- ココアパウダー　少々
- ミントの葉　少々

08

パリパリチョコで格上げした大人のクリスマスケーキ

ブッシュ・ド・ノエル・ショコラ

定番のブッシュ・ド・ノエルに、木の皮に見立てたチョコを貼り付けて、見た目もチョコレートの量も格上げ。赤＆緑のクリスマスカラーを使わず、シックで大人っぽい雰囲気にしたのがポイントです。
口に入れると、外側に貼った薄いチョコがパリパリと割れ、ケーキとクリームの食感にアクセントを添えてくれます。ロールケーキの生地自体はとてもシンプルで作りやすいので、ぜひ試してみてください。

▲
レシピ動画はココ

材料　24×27㎝の天板1枚分

【デコレーション】

ダークチョコレート　200g
粉糖　適量
(あれば)クリスマスピック　1本

【ロールケーキ】

卵　3個
グラニュー糖　55g
薄力粉　30g
ココアパウダー　20g
牛乳　大さじ1
無塩バター　20g

【シロップ】

水　50㎖
グラニュー糖　25g
ブランデー　大さじ1

【チョコレートクリーム】

ダークチョコレート　75g
生クリーム　300㎖

製菓道具

24×27㎝の天板
カード
ケーキクーラー
パレットナイフ
刷毛

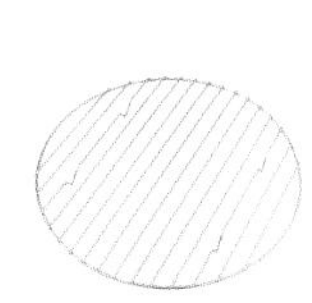

下準備

無塩バターを湯煎か電子レンジで溶かします。
オーブンの天板にクッキングシートをセットします。
オーブンを180℃に予熱します。湯煎に使うお湯を用意します。

STEP 1 チョコで木の皮を作ります

① チョコを溶かす

チョコを細かく刻み、ボウルに入れます。

ダークチョコレート 200g

溶かしてP14～15の要領でテンパリングします。

② 薄く固めて切る

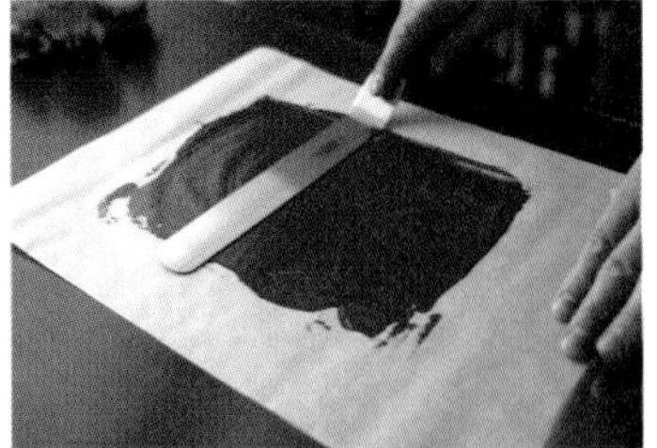

クッキングシートに①のチョコをたらし、パレットナイフでできるだけ薄く伸ばします。冷蔵庫で冷やし固めます。

TOOL パレットナイフ

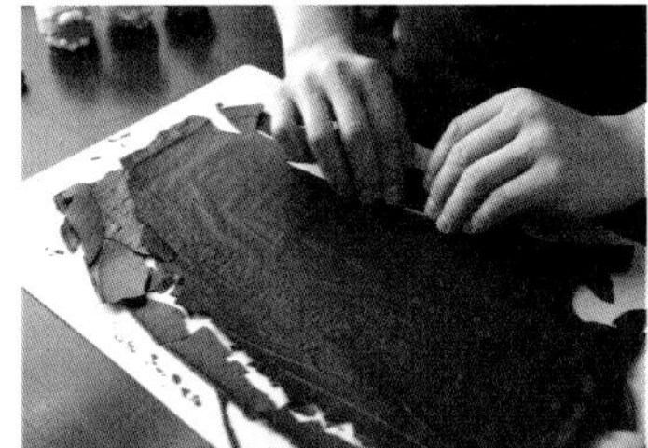

手で割って、包丁でロールケーキに貼りやすい大きさに切ります（ここでは、1～2cm幅×4～8cm長さのまばらなサイズにしています）。

STEP 2 生地を作ります

③ 卵を泡立てる

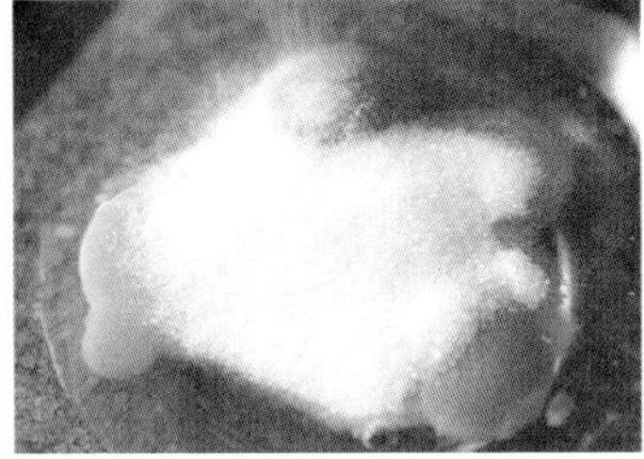

ボウルに卵とグラニュー糖を入れて混ぜます。

全卵 3個分

グラニュー糖 55g

お湯の温度は50～60℃に（P.34参照）

生地をたらして8の字が描けるくらい

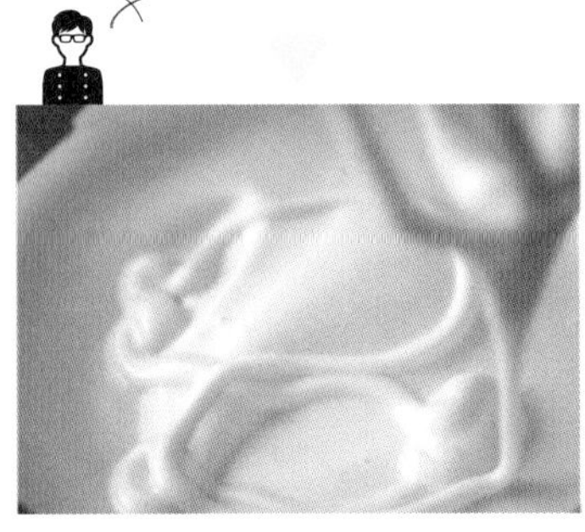

湯煎で温めながら、ハンドミキサーで白っぽくもったりするまで泡立てます。

STEP 3 焼きます

4 粉類を加える

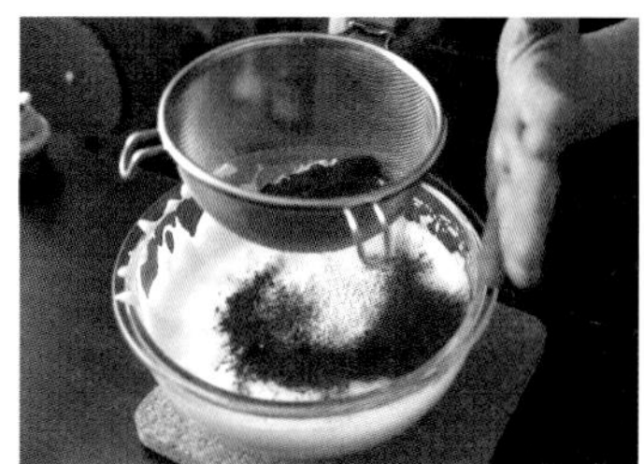

3に薄力粉とココアパウダーをふるい入れます。

- 薄力粉　30g
- ココアパウダー　20g

泡立て器で底からすくうようにして、粉っぽさがなくなるまでよく混ぜます。

5 牛乳とバターを加える

牛乳と溶かしたバターを加えます。

- 牛乳　大さじ1
- 無塩バター　20g

ゴムベラで底からすくうようにして、全体をよく混ぜます。

6 型に入れて焼く

クッキングシートをセットした天板に5を流し入れます。

TOOL 24×27cmの天板

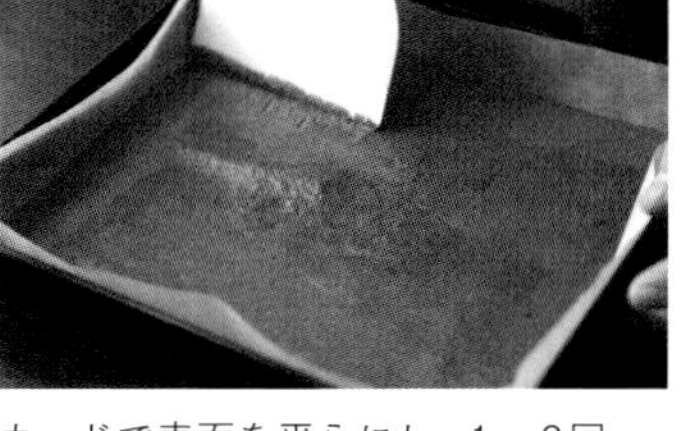

カードで表面を平らにし、1～2回軽く台に落として気泡を抜きます。

TOOL カード

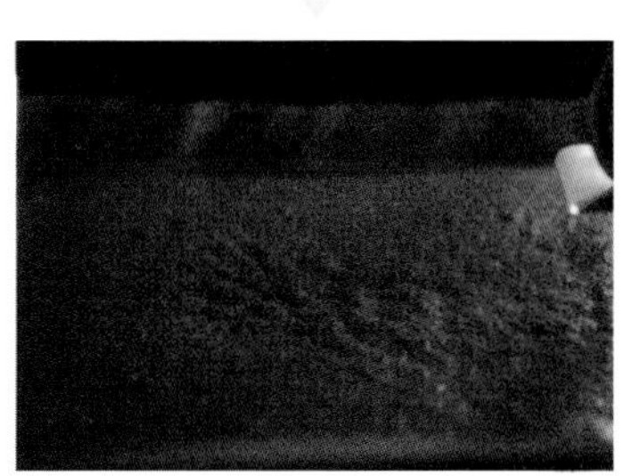

180℃に予熱したオーブンで15分焼きます。

《 次ページへ続きます

STEP 4 シロップを塗ります

7 乾燥しないように冷ます

焼き上がったらケーキクーラーにのせ、側面のクッキングシートをはがして冷まします。

TOOL ケーキクーラー

粗熱がとれたらラップをかけておきましょう。

8 シロップを作って塗る

小鍋にシロップの材料を入れ、中火で温めながら混ぜます。

水 50mℓ

グラニュー糖 25g

ブランデー 大さじ1

沸騰したら10秒程度おいてブランデーのアルコールをとばします。

刷毛で7の表面にしみこませるように塗ります。

TOOL 刷毛

STEP 5 チョコレートクリームを作ります

9 チョコと生クリームの半量を混ぜる

チョコを細かく刻み、ボウルに入れます。

ダークチョコレート 75g

小鍋に**生クリームの半量**を入れ、中火で温めます。鍋肌がプツプツと泡立ったら火を止めて……

生クリーム 150mℓ

刻んでおいたチョコに加えます。しばらくおいてチョコが温まったら、真ん中から混ぜて溶かします。

STEP 6 クリームを塗って巻きます

10 残りの生クリームを加える

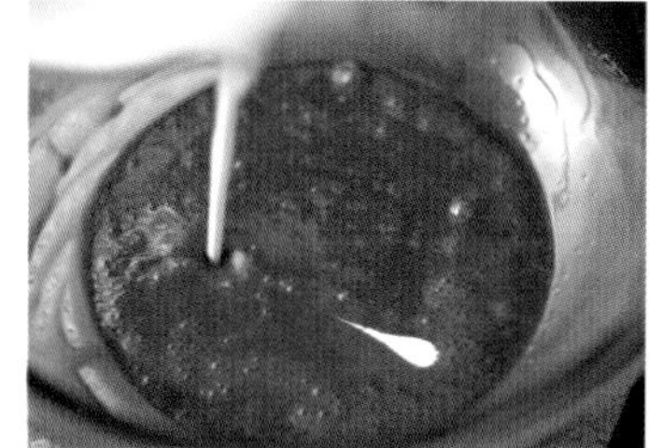

残りの生クリームを加えてよく混ぜます。

生クリーム　150㎖

泡立てすぎるとボソボソになるので気をつけて

混ざったら、**氷水にあてながら五分立てに**泡立てます。

11 生地を用意する

巻きやすくなるよう、8の表面に1〜2㎝幅で浅い切れ目を入れます。

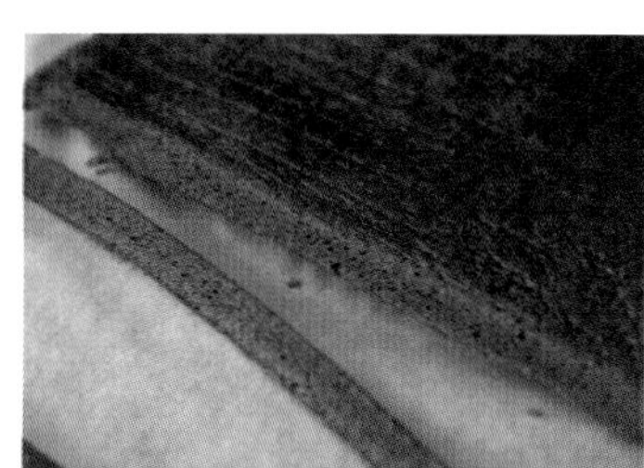

巻き終わりになる端を、斜めに切り落とします。

12 クリームを塗って巻く

残したクリームはあとでケーキの外側に塗ります

10のクリームの**1/3量を残し**、11に塗ります。

濡れ布巾がすべり止めになります

水で濡らして固くしぼった布巾に、クッキングシートをつけたままケーキをのせ、クッキングシートを持ち上げて巻きます。

★★★
CACAO NOTES

巻いたときクリームが流れ出すようなら、クッキングシートをつけたまま、冷蔵庫で少し冷やし固めてください。

〈〈 次ページへ続きます

STEP 7 デコレーション

13 表面にクリームを塗る

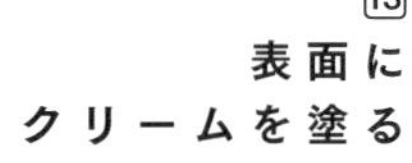

12の両端を切り落とします。

残りのクリームをのせ、パレットナイフで全体に塗り広げます。

TOOL パレットナイフ

ここでフォークで筋をつけて完成にしてもOKです。

14 チョコを貼る

2のチョコレートを貼ります。

★★★
CACAO NOTES

ブッシュ・ド・ノエルは、作る人によって仕上がりがさまざま。一般的には、この段階で一部を斜めにカットして枝をつけたものも多いです。

粉糖をふりかけ、あればクリスマスピックを飾ります。

粉糖　適量

cacao column

チョコレートスイーツをプレゼントしませんか

ちょっと高級感があって見た目もきれいなチョコスイーツは、プレゼントにぴったりです。バレンタインだけでなく、父の日や母の日、ちょっとしたお礼や差し入れなどにして、たくさんの人とおいしさをシェアしてください。ラッピング用の箱や袋は100円ショップでも十分です(なんとトリュフボックスも手に入ります！)。

ちなみに、チョコレートのプレゼントというと日本ではバレンタインデーがおなじみですが、海外では男性から女性にプレゼントするのが一般的だとか。ヨーロッパでは、もともとバレンタインデーに夫婦や恋人同士がプレゼントにカードを添えて贈る習慣があったところ、イギリスの有名お菓子メーカーがギフト用のチョコレートボックスを発売して大人気になりました。それ以来バレンタインにチョコをプレゼントすることが多くなったそうですよ。

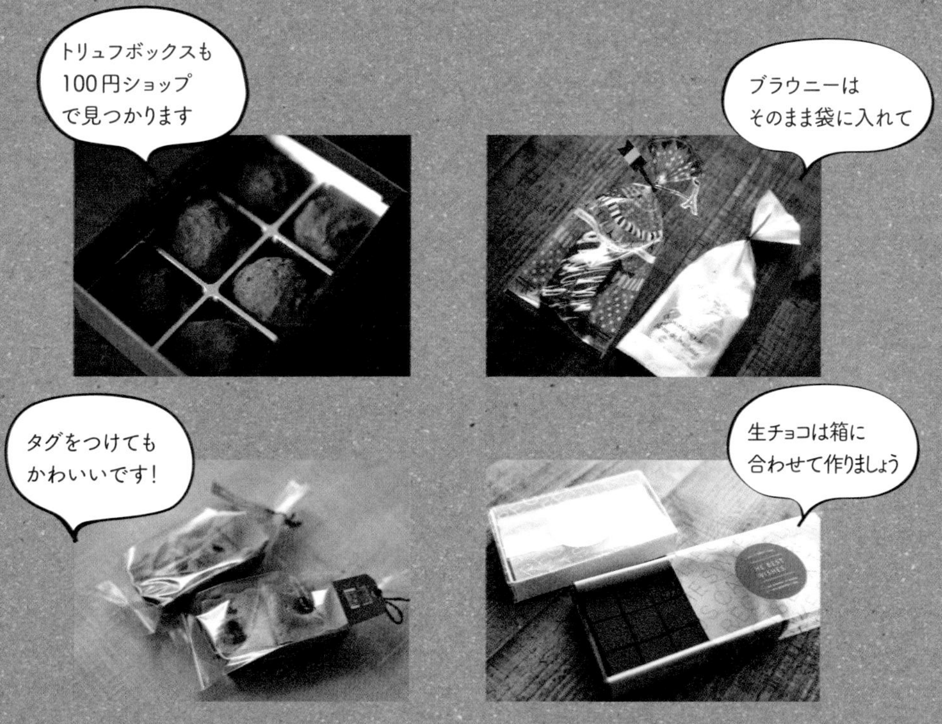

09

ジューシーないちごと濃厚なガナッシュのマリアージュ

いちごと生チョコのタルト

華やかで見栄えのするルックスで、この本の表紙にもなった人気のタルト。口に入れた瞬間、ジューシーないちごの果汁が口いっぱいに広がり、濃厚なガナッシュに混ざり合って、フルーティな口溶けが楽しめます。
やわらかいガナッシュといちごの果汁がとてもよく合っていて、味わいは濃厚なのにけっして重くなく、後味はとても爽やか。僕はいっぺんに2切れペロッと食べられました。
チョコスイーツとフルーツのマリアージュが楽しめる一品。

▲
レシピ動画はココ

材料 10×25㎝のタルト型1個分

【タルトケース】

無塩バター　50g
グラニュー糖　30g
卵　1個
(うち30gを使います)
薄力粉　90g
ココアパウダー　12g

【ガナッシュ】

ダークチョコレート　180g
生クリーム　180㎖
無塩バター　18g

いちご　12個

製菓道具

10×25㎝のタルト型
めん棒
タルトストーン
刷毛

下準備

タルト型にキッチンペーパーでバター(分量外)を薄く塗ります。

「アメリカンチェリータルト」(P62)
「シャインマスカットの
レアチーズタルト・ショコラ」(P68)と共通

STEP 1 タルトを作ります

1 バターを練る

ボウルにバターを入れて、やわらかくなるまで練ります。

無塩バター　50g

(「アメリカンチェリータルト」「シャインマスカットのレアチーズタルト・ショコラ」は30g)

2 グラニュー糖を加える

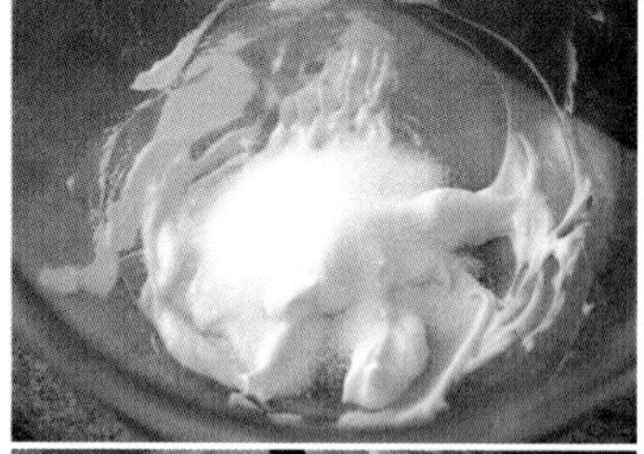

1にグラニュー糖を加えてよく混ぜます。

グラニュー糖　30g

(「アメリカンチェリータルト」「シャインマスカットのレアチーズタルト・ショコラ」は18g)

3 卵を加える

別のボウルに卵を溶きほぐします。

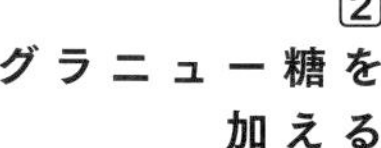

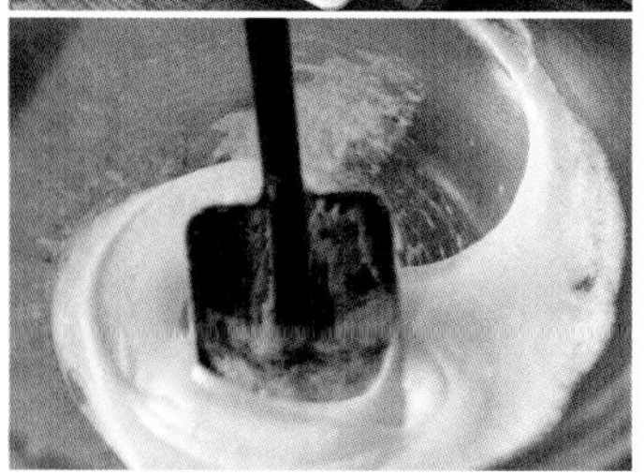

2に30gを量り入れて混ぜます。

全卵　30g

(「アメリカンチェリータルト」「シャインマスカットのレアチーズタルト・ショコラ」は18g)

★★★
CACAO NOTES

バターはあらかじめ室温におくか、硬ければ、電子レンジで10～20秒加熱すると、やわらかく練りやすくなります。

4 粉類を加える

3に薄力粉とココアパウダーをふるい入れます。

 薄力粉 90g

 ココアパウダー 12g

（「アメリカンチェリータルト」「シャインマスカットのレアチーズタルト・ショコラ」は薄力粉54g、ココアパウダー8g）

ゴムベラで切るように

粉っぽさがなくなるまで混ぜます。

5 冷蔵庫で休ませる

4をひとまとめにして、ラップを敷いた台に取り出します。

ラップで包み、**冷蔵庫で8時間以上**休ませます。

6 生地を伸ばす

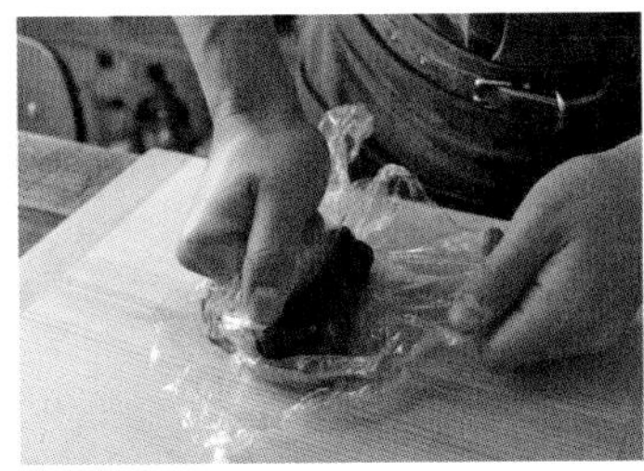

冷蔵庫から5を出し、軽くこねてやわらかくします。

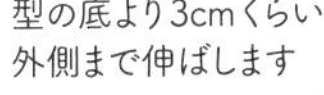

ラップを二つ折りにして生地をはさみ、めん棒で伸ばします。

TOOL めん棒

《 次ページへ続きます

「アメリカンチェリータルト」(P62)
「シャインマスカットの
レアチーズタルト・ショコラ」(P68)と共通

STEP 1 タルトを作ります

7 型に入れる

バターを塗った型に6の生地をのせ、すき間なく敷き込みます。

TOOL 10×25cmのタルト型

はみ出した生地は折り返したりつまんで調整し、**側面の生地が型より2mm程度高く**なるように内側をつまんで成形します。生地が薄い部分があれば補強しましょう。

8 穴を開けて冷やす

この作業を「ピケ」と呼びます

生地が膨らみすぎないよう、底と側面にフォークでまんべんなく穴を開けます。

密閉容器に型ごと入れ、**冷蔵庫で1時間以上**冷やします。
オーブンを**180℃に予熱**します。

9 計3回焼く

生地の上にクッキングシートを敷き、タルトストーンをのせます。**180℃に予熱したオーブンで15分**焼きます。

TOOL タルトストーン

一度取り出して**クッキングシートとタルトストーンを外し、さらに10分**焼きます。

焼き立ては割れやすいので取り扱い注意!

もう一度取り出し、内側に刷毛で3の残りの卵を塗ります。オーブンの**温度を160℃に下げてさらに3分**焼きます。

TOOL 刷毛

STEP 2 ガナッシュを作ります

10 生クリームとチョコを混ぜる

チョコを細かく刻み、ボウルに入れます。

ダークチョコレート 180g

小鍋に生クリームを入れて中火で温めます。鍋肌がプツプツ泡立ったら火を止め、刻んだチョコに加えます。

 生クリーム 180㎖

しばらくおいてチョコが温まったら、真ん中から混ぜて溶かします。

11 バターを加える

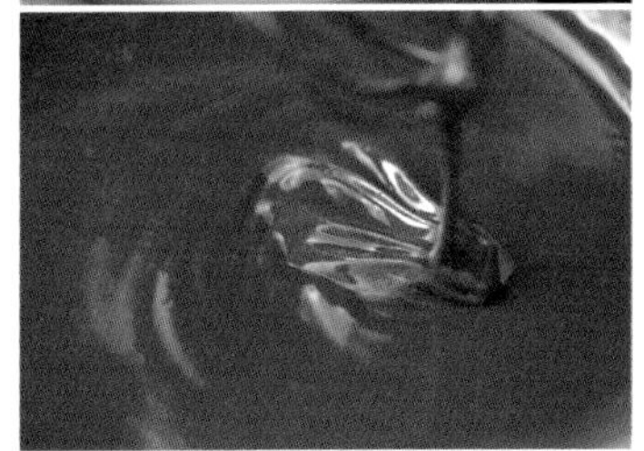

なめらかになったらバターを加えてさらに混ぜます。

無塩バター 18g

★★★

CACAO NOTES

チョコとバターを一緒に溶かさず、チョコが溶けて少し冷めてからバターを加えることで、より口溶けよくおいしく仕上がります。

STEP 3 タルトケースに入れます

12 ガナッシュといちごを入れる

いちごはへたをとっておきます。

Fruits いちご 12個

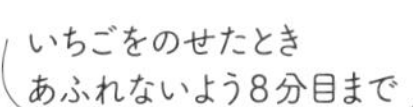

9のタルトケースに11のガナッシュを流し入れます。

完成!

いちごを並べ、**冷蔵庫で3時間程度**冷やし固めます。温めた包丁で食べやすい大きさに切り分けます。

10

甘いクリーム＆ビターなグラサージュの珠玉のコンビネーション

アメリカンチェリータルト

まろやかなチョコクリームを入れたタルトを濃厚なチョコソースで覆い、アメリカンチェリーを敷き詰めた、凝った構造のタルト。チョコカスタードのまろやかな甘さに、チョコソースの濃厚な甘さとチェリーの爽やかな酸味がアクセントの、奥深い味わいです。
どっしりした見た目とは裏腹に、意外と甘さは控えめ。タルトのカリッとした歯ごたえと香ばしさも高ポイントで、コーヒー、紅茶はもちろん、お酒にも合う大人のスイーツです。

▲
レシピ動画はココ

材料　直径15㎝のタルト型1個分

【タルトケース】

無塩バター　30g
グラニュー糖　18g
卵　1個
(うち18gを使います)
薄力粉　54g
ココアパウダー　8g

アメリカンチェリー　26個
砂糖　少々

【チョコレートディプロマットクリーム】

ダークチョコレート　50g
卵黄　3個分
グラニュー糖　50g
準強力粉　10g
片栗粉　10g
牛乳　190㎖
無塩バター　10g
生クリーム　40㎖
Ⓐ生クリーム　100㎖
Ⓐグラニュー糖　5g

【ナパージュ】

水　大さじ4
グラニュー糖　小さじ2
粉ゼラチン　2g

【グラサージュ】

ココアパウダー　20g
グラニュー糖　50g
板ゼラチン　3g
生クリーム 35㎖
水　30㎖

製菓道具

直径15㎝のタルト型
めん棒
タルトストーン
刷毛

下準備

無塩バターを室温におくか、電子レンジで10秒加熱してやわらかくします。
タルト型にキッチンペーパーでバター(分量外)を薄く塗ります。
アメリカンチェリーは軸とたねを取り除きます。

STEP 1 タルトを作ります

1 タルト生地を作って焼く

P58～60のレシピ通りにタルト生地を作り、**直径15cmのタルト型**に合わせて生地を伸ばしてセットします(生地の厚さは3mmくらいになります)。同様に**オーブンで3回焼きます。**

▼

チョコを細かく刻み、ボウルに入れます。

- ダークチョコレート 50g

STEP 2 チョコレートディプロマットクリームを作ります

2 卵黄とグラニュー糖を混ぜる

卵黄にグラニュー糖を加えて混ぜます。

- 卵黄 3個分
- グラニュー糖 50g

▼

白っぽくもったりするまで泡立てます。

3 粉類と牛乳を加える

2に粉類をふるい入れ、なめらかになるまで混ぜます。

- 準強力粉 10g
- 片栗粉 10g

▼

小鍋に牛乳を入れて中火で温めます。沸騰したら卵と粉のボウルに少しずつ加えて混ぜます。

- 牛乳 190mℓ

▼

ゴムベラでざっと混ぜ、さらに泡立て器でよく混ぜます。

★★★
CACAO NOTES

ディプロマットクリームとは、カスタードクリームにホイップクリームを加えてよりなめらかにしたもの。ここではさらにチョコを加えてアレンジします。

4 煮詰める

混ざったら小鍋に戻し入れ、中火で温めます。

かき混ぜながら、**もったりするまで煮詰めて**ボウルに取り出します。

5 チョコとバター、生クリームを加える

4が熱いうちに1の刻んだチョコとバターを加えて混ぜます。

無塩バター　10g

入れすぎるとゆるくなるので、様子を見ながら量を調節してください

生クリームを少しずつ加えながらさらに混ぜます。

生クリーム　40mℓ

ラップを広げたバットに取り出します。**ラップで包んで冷凍庫で1時間冷やし、その後冷蔵庫に**入れておきます。

6 ホイップクリームを加える

別のボウルにⒶの生クリームとグラニュー糖を入れ、**氷水にあてながら八分立て**に泡立てます。

生クリーム　100mℓ

グラニュー糖　5g

5を冷蔵庫から出し、泡立て器で軽くほぐします。

泡立てた生クリームを加えて混ぜます。

《 次ページへ続きます

STEP 3 チェリーを準備します

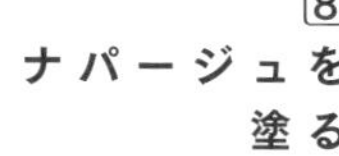

7 タルトケースに流し入れる

6を1のタルトケースの8分目まで流し入れ、表面を平らにします。

密閉容器に入れ、**冷蔵庫で1時間以上**冷やします。

8 ナパージュを塗る

水にグラニュー糖と粉ゼラチンを加えて混ぜます。**電子レンジで20秒**加熱し、さらに混ぜます。ゼラチンが溶けたら、ラップをかけて冷蔵庫で冷やし、とろみをつけます。

- 水　大さじ4
- グラニュー糖　小さじ2
- 粉ゼラチン　2g

たねを取った穴から果汁がもれ出すのを防ぎます

チェリーにからめて皿などにのせ、冷蔵庫で冷やし固めます。

- Fruits アメリカンチェリー　26個

★★★ CACAO NOTES

ナパージュとは、フルーツなどの表面に塗るつや出しのこと。市販のナパージュミックスがあれば、水に煮溶かすだけで作れます。

STEP 4 グラサージュします

9 生クリームにココアとグラニュー糖を混ぜる

ココアパウダーとグラニュー糖を混ぜておきます。

- ココアパウダー　20g
- グラニュー糖　50g

ゼラチンを冷水につけてふやかしておきます。

- 板ゼラチン　3g

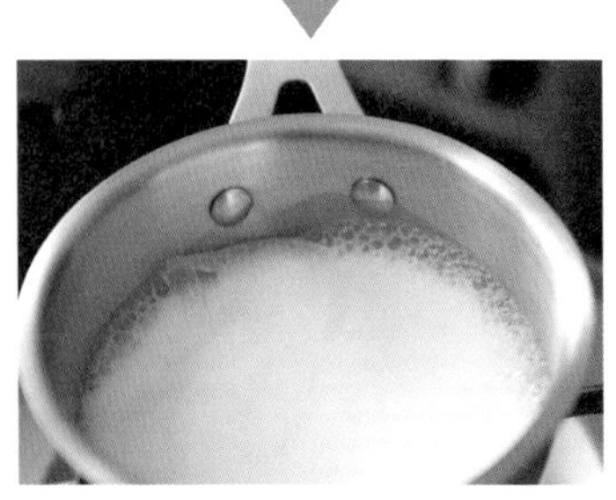

小鍋に水と生クリームを入れ、中火で温めます。

- 生クリーム　35ml
- 水　30ml

STEP 5 仕上げ

10 ゼラチンを入れる

ココアのダマが残らないように

沸騰したら、ココアパウダーとグラニュー糖を加え、よく混ぜて溶かします。

手でよく水をきって入れてね

ふやかしたゼラチンを加えて混ぜます。

茶こしなどでこして…

スプーンで7に流し入れます。

11 アメリカンチェリーをのせる

10に8のチェリーを並べます。

刷毛でさらにナパージュを塗ります。

TOOL 刷毛

完成!

食べる直前に粉糖をふりかけます。

11

ホワイトチョコとマスカットたっぷりの贅沢スイーツ

シャインマスカットのレアチーズタルト・ショコラ

※写真は直径7cm、12cmのタルトリングで作ったものです。

ホワイトチョコレートをたっぷり使ったレアチーズの上に、皮ごと食べられるシャインマスカットをびっしりと敷き詰めた、贅沢なタルトです。
シャインマスカットの上品で爽やかな甘さが、酸味のきいたレアチーズと、ほんのりビターなタルトにぴったり。
ベクトルが違う3つの味のバランスが最高です。しかも、マスカットの〝パキッ〟という心地よい歯ごたえがたまりません。
これまで作ったスイーツの中でもベスト5に入るおいしさです。

▲
レシピ動画はココ

材料　直径15cmのタルト型1個分

【タルトケース】

無塩バター　30g
グラニュー糖　18g
卵　1個(うち18gを使います)
薄力粉　54g
ココアパウダー　8g

シャインマスカット　20～30粒
ミントの葉　適量
粉糖・ココアパウダー　各少々

【ホワイトチョコチーズクリーム】

クリームチーズ　200g
サワークリーム　100g
グラニュー糖　20g
ホワイトチョコレート　80g
生クリーム　200mℓ
バニラエッセンス　5～6滴
粉ゼラチン　5g
水　30mℓ

【ナパージュ】

水　大さじ4
グラニュー糖　小さじ2
粉ゼラチン　2g

製菓道具

直径15cmのタルト型
めん棒
タルトストーン
刷毛

下準備

無塩バターを室温におくか、電子レンジで10秒加熱してやわらかくします。
タルト型にキッチンペーパーでバター(分量外)を薄く塗ります。
クリームチーズとサワークリームをあらかじめ室温におくか、電子レンジで加熱してやわらかくします。

STEP 1 タルトを作ります

① タルト生地を作って焼く

P58～60のレシピ通りにタルト生地を作り、**直径15cmのタルト型**に合わせて生地を伸ばしてセットします(生地の厚さは3mmくらいになります)。同様に**オーブンで3回焼きます。**

工程写真では直径7cm、12cmのタルトリングで作っています。

STEP 2 ホワイトチョコチーズクリームを作ります

② チーズ類とグラニュー糖を混ぜる

クリームチーズとサワークリームをボウルに入れ、ゴムベラでなめらかになるまで練ります。

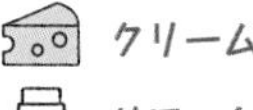

クリームチーズ 200g

サワークリーム 100g

ゴムベラをボウルに押し付けるようにして

グラニュー糖を加えて混ぜます。

グラニュー糖 20g

③ 生クリームとチョコを混ぜる

チョコを細かく刻み、ボウルに入れます。

ホワイトチョコレート 80g

小鍋に生クリームを入れて中火で温めます。鍋肌がプツプツと泡立ったら火を止め、刻んだチョコに加えます。

生クリーム 200mℓ

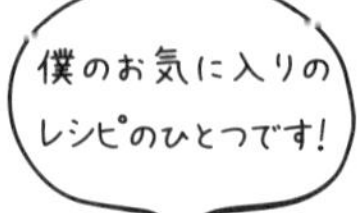

5 ゼラチンを加える

ゼラチンを水に振り入れてふやかし、**電子レンジで20秒**加熱して溶かします。

粉ゼラチン　5g

水　30mℓ

4 チーズ類に加える

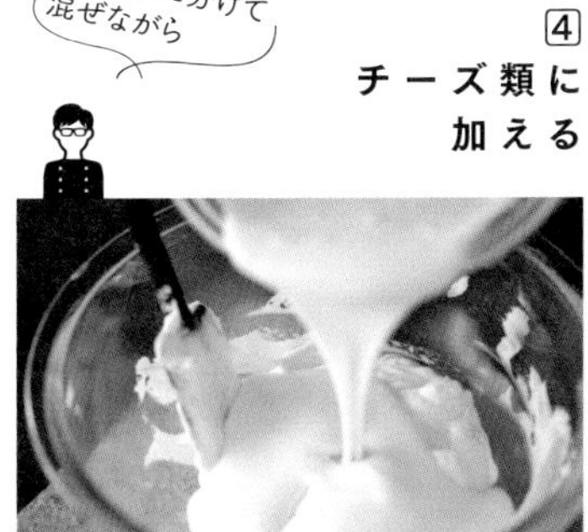

2に3のチョコを加えて混ぜます。

しばらくおいてチョコが温まったら、真ん中から混ぜて溶かします。

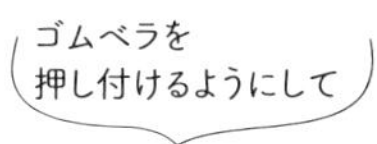

4に加えて混ぜ、ざるなどでこします。

バニラエッセンスを加えてよく混ぜます。

バニラエッセンス
5～6滴

チョコが溶けたら、**氷水にあてながらとろみがつくまで**泡立てます。

《 次ページへ続きます

STEP 3 タルトケースに入れます

6 クリームとマスカットを入れる

1のタルトケースに5のクリームを流し入れ、**冷蔵庫で20～30分**冷やし固めます。

▼

マスカットをのせ、**冷蔵庫でさらに1時間**冷やし固めます。

Fruits シャインマスカット　20～30粒

★★★
CACAO NOTES

シャインマスカットをのせたとき、すぐにクリームに沈むようなら、様子を見ながら冷蔵庫で追加で冷やして、少し固くなってからのせてください。

STEP 4 デコレーション

ナパージュは市販のものでもOKです

7 ナパージュを塗る

水にグラニュー糖と粉ゼラチンを加えて混ぜます。**電子レンジで30秒**加熱し、さらに混ぜます。ゼラチンが溶けたら、ラップをかけて冷蔵庫で冷やし、とろみをつけます。

- 水　大さじ4
- グラニュー糖　小さじ2
- 粉ゼラチン　2g

▼

刷毛で6のマスカットに塗ります。

TOOL 刷毛

8 ミントを飾る

ミントの葉をバランスよくのせます。

- ミントの葉　適量

完成！

▼

食べる直前に粉糖とココアパウダーをふりかけます。

- 粉糖　少々
- ココアパウダー　少々

★★★
CACAO NOTES

おすすめは「溶けない粉糖」という特殊な種類です。ふつうの粉糖だと、すぐに水や油に溶けてしまうので、食べる直前にふりかけるようにしてください。

cacao column

最近話題の
高カカオの板チョコについて

カカオに含まれるポリフェノールは、健康や美容にさまざまな効果があることが知られています。そのため最近は、市販の板チョコでも、カカオ分70%以上のいわゆる「高カカオチョコ」が注目を集めるようになってきました。

カカオ分が高いほど値段も高めで、カカオ独特の苦味や酸味などが強くなる傾向があります。そのため「高カカオはチョコレート通向き」と思われがちですよね。でも、高カカオでも、カカオ豆の種類や製造方法によっては、驚くほど苦味がなく食べやすいものもあります。一般的なチョコが苦手でも、高カカオなら好き、というケースもあるので、食わず嫌いはもったいないかも！

※カカオ分が多いチョコレートには、ふつうのチョコレートよりも脂質が多いものもあるので、食べ過ぎには注意してください。

食べ比べてみたよ!

おすすめはこの3つ

明治
チョコレート効果 カカオ86%・95%

酸味や苦さも適度にありつつ、マイルドで食べやすい。全国どこでもスーパーやコンビニで手に入れやすく、お手頃価格も魅力。

リンツ
「エクセレンス 85%カカオ」

大きめスーパーなどでも取り扱いがあるスイスのブランド。苦味だけでなく、適度な甘みとフルーティな酸味もあるバランスがよい味。

ヴィヴァーニ
「オーガニック
エキストラダークチョコレート 92%」

ドイツのオーガニックチョコレートメーカー。カカオ分が92%と高いにもかかわらず、信じられないほど苦味がなくまろやかな味わい。

12

ホワイトチョコ仕立ての、ふんわり＆しっとり焼き菓子

ベリーのブロンディ

PART2
フルーツ×チョコレートのスイーツ

茶色いチョコで作るブラウニーに対して、ホワイトチョコで作るのはブロンディと呼びます。いちごジャムを練り込み、ミックスベリーをあしらって、ほどよい酸味をプラスしました。
ブラウニーというとチョコとナッツがぎっしりで素朴なイメージですが、これはふんわりソフトでぐっとかわいい雰囲気。ラッピングして、ホワイトデーのギフトなどにもおすすめです。

▲
レシピ動画はココ

材料　15cm角のスクエア型1個分

無塩バター　60g
ホワイトチョコレート（板チョコでもOK）　60g
卵　1個
グラニュー糖　40g
いちごジャム（砂糖不使用）　50g
薄力粉　75g
ベーキングパウダー　2g
ベリー（冷凍）　適量

製菓道具

15cm角のスクエア型
ケーキクーラー

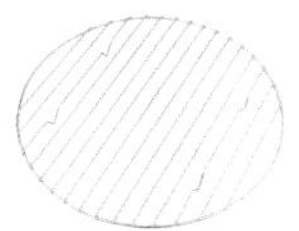

下準備

冷凍ベリーは解凍し、キッチンペーパーでしっかりと水気をとります。
スクエア型にクッキングシートをセットします。
湯煎に使うお湯を用意します。オーブンを190℃に予熱します。

STEP 1 生地を作ります

1 バターとチョコを混ぜる

ボウルにバターを入れ、チョコを割り入れます。

- 無塩バター　60g
- ホワイトチョコレート　60g

バターが分離するのを避けるため
お湯の温度は50℃くらいに

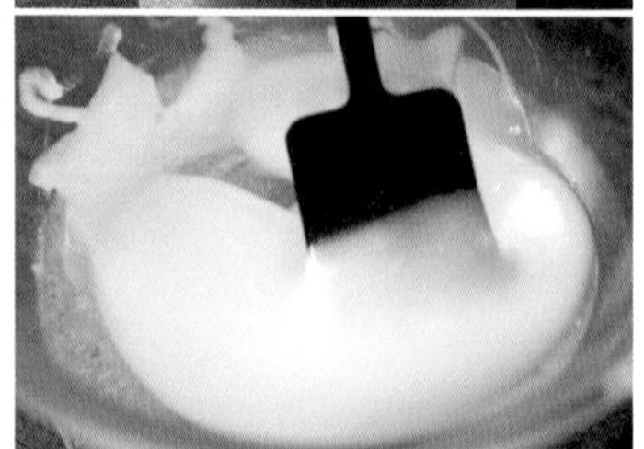

湯煎で温めながら混ぜ、チョコとバターが溶けたら湯煎から外します。

2 卵とグラニュー糖を加える

別のボウルに卵とグラニュー糖を入れて混ぜます。

- 全卵　1個分
- グラニュー糖　40g

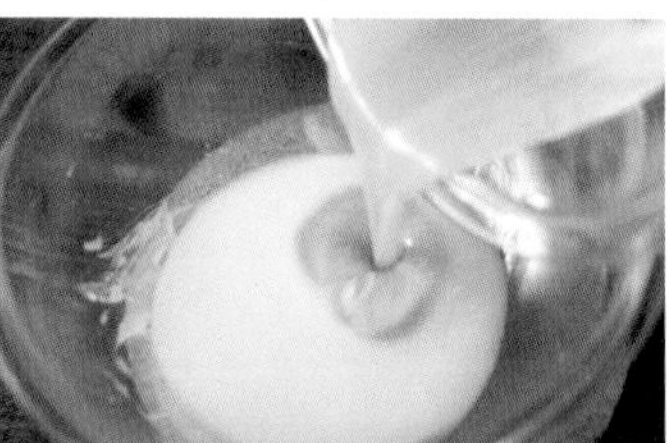

1に加え、**ムラがなくなるまで**混ぜます。

3 ジャムを加える

2にジャムを加えて混ぜます。

- いちごジャム（砂糖不使用）50g

STEP 2 焼きます

4 粉類を加える

3に粉類をふるい入れます。

- 薄力粉　75g
- ベーキングパウダー　2g

ゴムベラでよく混ぜます。

5 型に入れて焼く

クッキングシートをセットした型に4を流し入れます。

TOOL 15㎝角のスクエア型

生地が水っぽくならないよう
ベリーの水気はしっかりとって

解凍して水気をとったベリーをバランスよくのせます。

Fruits ベリー　適量

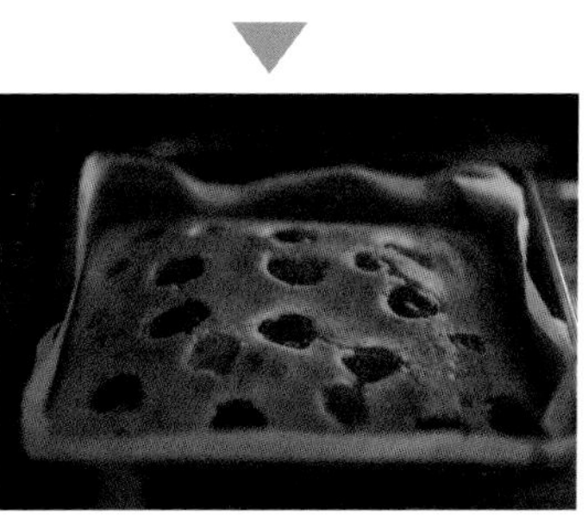

190℃に予熱したオーブンに入れて**温度を180℃に下げ、15～20分**焼きます。

6 切り分ける

焼き上がったら型から外し、ケーキクーラーにのせて冷まします。

TOOL ケーキクーラー

完成！

食べやすい大きさに切り分けます。

13

ぷるんとひんやり！　ホワイトチョコのババロワ

ラズベリーの
ババロワ・テリーヌ・ショコラ

夏になると決まって食べたくなるのが、ひんやり甘〜いババロワ(あれ、僕だけ？)。チョコ好きの本能の赴(おもむ)くままに、ホワイトチョコをたっぷり使ってオリジナルに仕上げました。濃厚な甘さとなめらかな舌触りで、甘酸っぱいラズベリーともよく合います。
デコレーションのホイップクリームとラズベリーはお好みで。ぱっと見が華やかになるし、味にも奥行きが出ておすすめですが、シンプルにババロワ単体で食べても十分おいしいです。

▲
レシピ動画はココ

材料　18×8.5cmのパウンド型1個分

【ショコラババロワ】

ホワイトチョコレート　150g
生クリーム　200mℓ
グラニュー糖　10g
卵黄　2個分
グラニュー糖　40g
牛乳　250mℓ
バニラエッセンス　少々
板ゼラチン　10.5g（約7枚）

【デコレーション】

ラズベリー　150g
生クリーム　100mℓ
グラニュー糖　10g

【ナパージュ】

水　大さじ2
グラニュー糖　小さじ1
ゼラチン　1g

製菓道具

18×8.5cmのパウンド型
しぼり袋
星口金
刷毛

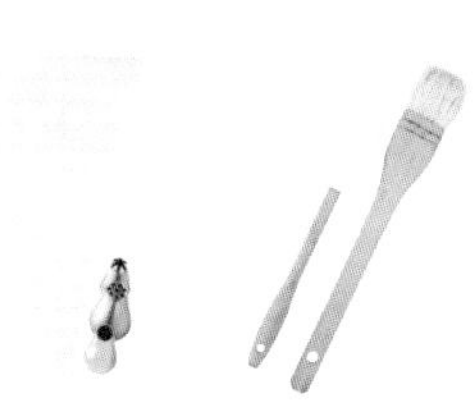

下準備

パウンド型にクッキングシートをセットします(P18参照)。
ラズベリーを洗って水気をとります。
しぼり袋に星口金をセットします。
板ゼラチンを冷水につけてふやかしておきます。湯煎に使うお湯を用意します。

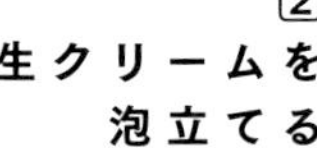

STEP 1 生地を作ります

1 ホワイトチョコを溶かす

チョコを細かく刻み、ボウルに入れます。

ホワイトチョコレート 150g

湯煎で温めて溶かします。

2 生クリームを泡立てる

別のボウルに生クリームを入れ、グラニュー糖を加えます。

生クリーム 200mℓ

グラニュー糖 10g

氷水にあてながら五分立てくらいに泡立てます。**ラップをかけて冷蔵庫に**入れます。

3 卵黄とグラニュー糖を混ぜる

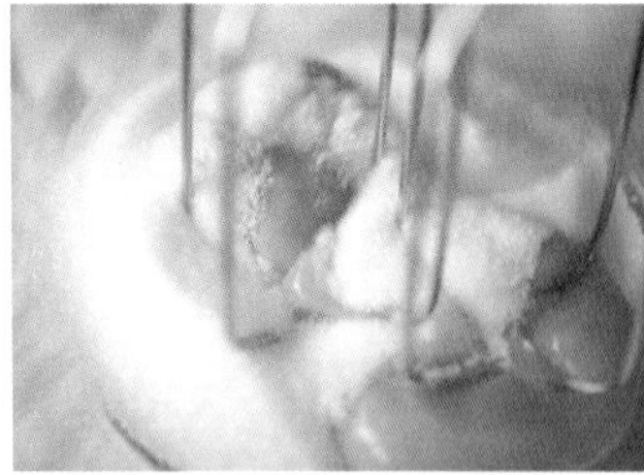

卵黄にグラニュー糖を加えて混ぜます。

卵黄 2個分

グラニュー糖 40g

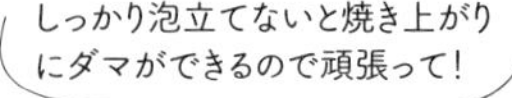

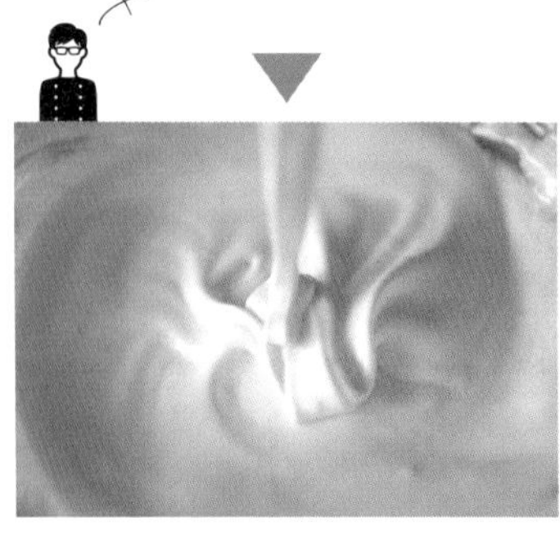

白っぽくもったりするまでハンドミキサーで泡立てます。

4 牛乳を加える

小鍋に牛乳を入れ、バニラエッセンスを加えます。

- 牛乳 250mℓ
- バニラエッセンス 少々

中火で温めながら混ぜて鍋肌がプツプツ泡立ってきたら火を止め、3に少しずつ加えて混ぜます。

ゴムベラを**泡立て器に持ち替え**、さらにしっかりと混ぜます。

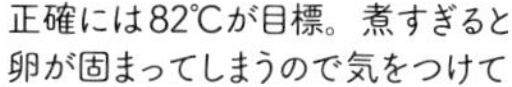

5 ゼラチンを加える

4を小鍋に戻し入れ、再び中火で温めます。ゴムベラで**かき混ぜながらとろみがつくまで**温めます。

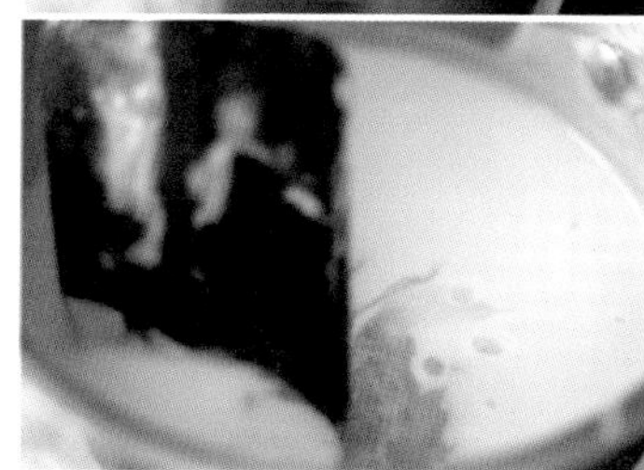

火を止めて、冷水でふやかしたゼラチンを加えて混ぜます。

- 板ゼラチン 10.5g

6 チョコを加える

5に1のチョコを加えて混ぜます。

《 次ページへ続きます

STEP 2 型に入れて冷やします

ダマをなくして、なめらかな口当たりに仕上げます

⑦ 型に入れる

⑥が30℃くらいまで冷めたら、②の生クリームにこし入れて混ぜます。

クッキングシートをセットした型に流し入れ、2～3回軽く台に落として気泡を抜きます。

TOOL 18×8.5cmのパウンド型

⑧ ラズベリーをのせて冷やす

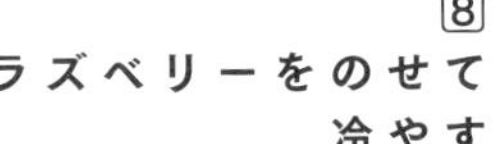

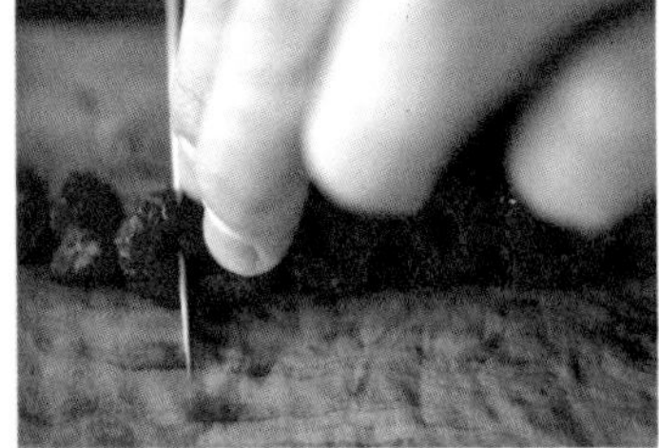

ラズベリーはデコレーション用に適量を取り分け、残りを縦半分に切ります。

Fruits ラズベリー 150g

⑦の表面にラズベリーをぎっしりと並べ、**ラップをかけて冷蔵庫で3時間以上**冷やし固めます。

⑨ 型から外す

ラップを外し、まな板の上にのせてひっくり返します。

そっと型を引き上げて外し、クッキングシートをはがします。

両端をカットします。

STEP 3 デコレーション

10 ホイップクリームを作る

生クリームにグラニュー糖を加え、**氷水にあてながら八分立てに**泡立てます。

生クリーム　100mℓ

グラニュー糖　10g

しぼり袋をコップなどに立てると入れやすいです

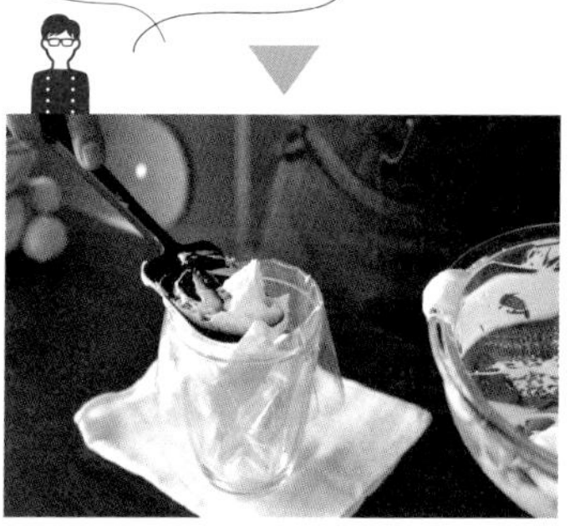

星口金をセットしたしぼり袋に入れます。

TOOL しぼり袋

TOOL 星口金

11 ラズベリーをのせる

9に10のホイップクリームを形よくしぼり出します。

切っていないラズベリーをバランスよく並べ、その間に半分に切ったラズベリーをのせます。

12 ナパージュを塗る

水にグラニュー糖と粉ゼラチンを加えて混ぜます。**電子レンジで20秒**加熱し、さらに混ぜます。ゼラチンが溶けたらラップをかけて冷蔵庫で冷やし、とろみをつけます。

水　大さじ2

グラニュー糖　小さじ1

粉ゼラチン　1g

完成!

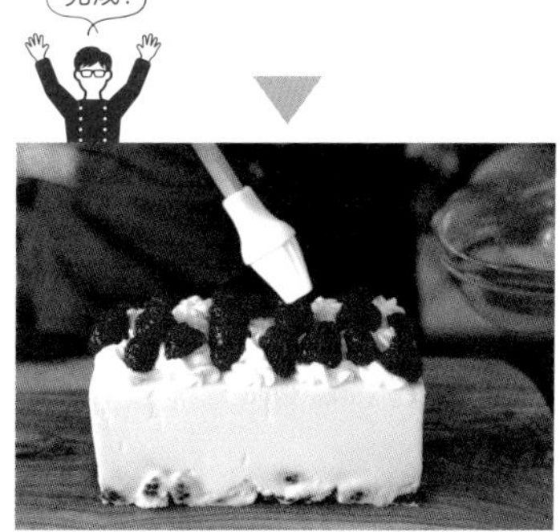

刷毛で11のラズベリーにたっぷりと塗ります。

TOOL 刷毛

14

チョコを練り込んだ硬めのタルトがカリッと絶品

ベイクドチーズケーキタルト・ショコラ

ダークチョコを練り込んだ香ばしいタルトケースに、爽やかな酸味のあるチーズクリームを入れました。ありそうで意外とない、ちょっと個性的なレシピで、チョコ好きには絶対おすすめです。
チーズタルトはケースをやわらかく仕上げるのが一般的ですが、あえてカリッと硬く焼き上げて、中のチーズクリームとの食感の違いを楽しめるようにしました。ココアパウダーではなく、チョコそのものを練り込んだのも、チョコ感増量の決め手になっているので乞うご期待。

▲
レシピ動画はココ

材料　直径7cmのタルトリング4個分

【タルトケース】

アーモンドパウダー　8g
粉糖　25g
塩　1g
薄力粉　60g
無塩バター　30g
ダークチョコレート　18g
卵　1個(うち20gを使います)

【チーズクリーム】

クリームチーズ　100g
グラニュー糖　35g
薄力粉　10g
卵　1個
生クリーム　100㎖
レモン汁　小さじ1

製菓道具

3㎜厚さのアクリルルーラー
めん棒
ベーキングシート
直径7cmのタルトリング
アルミカップ
タルトストーン
刷毛
ケーキクーラー

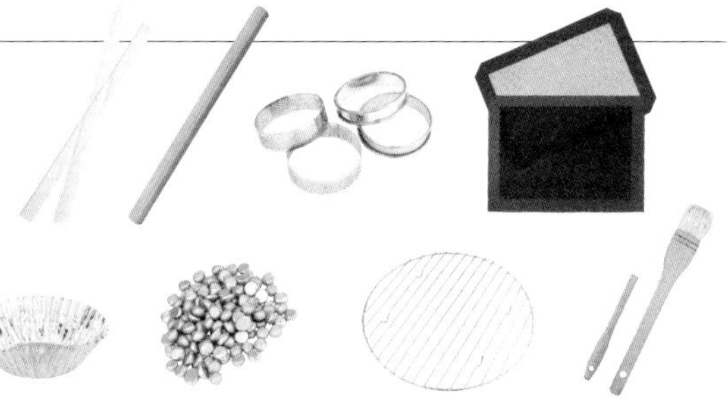

下準備

無塩バターを室温に戻すか、500wの電子レンジで5〜7秒加熱してやわらかくします。
タルトリングにキッチンペーパーでバター(分量外)を薄く塗ります。

STEP 1 タルト生地を作ります

1 粉類をふるう

薄力粉以外の粉類をあわせて2回ふるいます。

アーモンドパウダー 8g
粉糖 25g
塩 1g

薄力粉は別のボウルにふるいます。

薄力粉 60g

2 バターとチョコを混ぜる

ボウルにバターを入れ、やわらかくなるまで練ります。

無塩バター 30g

チョコは刻まなくてもだいじょうぶ

チョコをボウルに入れ、電子レンジで20秒加熱して混ぜます。これを2〜3回くり返して溶かします。

ダークチョコレート 18g

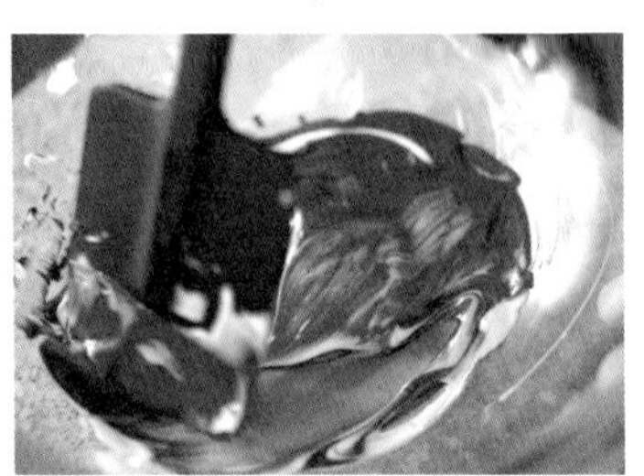

完全に溶けたら、バターに加えて混ぜます。

3 粉類を加える

2に1のアーモンドパウダー類を加えて混ぜます。

薄力粉の1/3量程度を加えて混ぜます。

④ 卵を加える

温めることで、チョコに加えたとき分離するのを防ぎます

耐熱ボウルに卵を溶きほぐします。**電子レンジで10秒**加熱して人肌に温めます。

20gを量り、③に少しずつ加えて混ぜます。残った卵はあとでタルトケースに塗るのでとっておきます。

全卵　20g

⑤ 残りの薄力粉を加える

ゴムベラで切るようにして

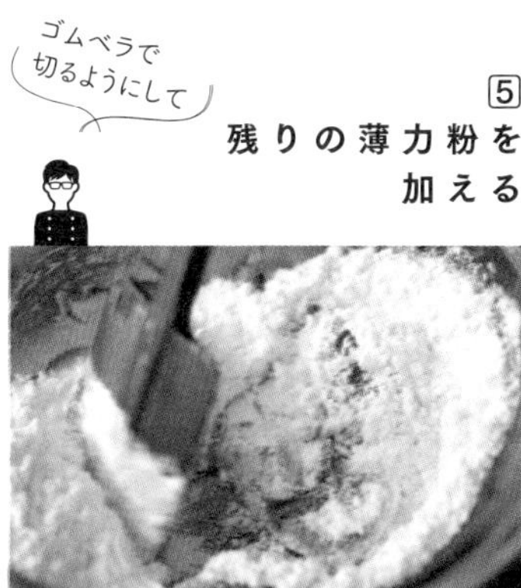

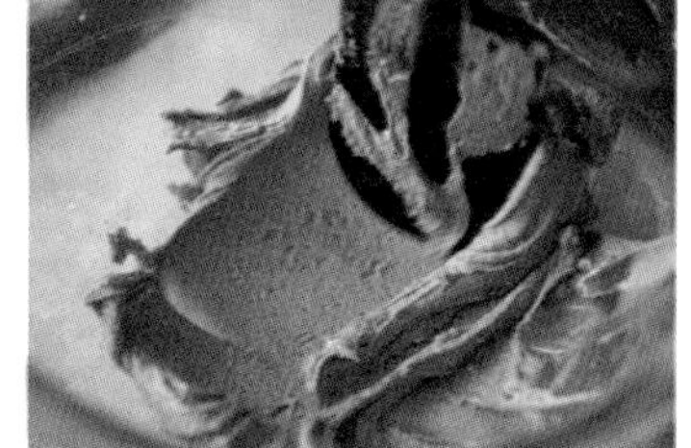

残りの薄力粉を加え、粉っぽさがなくなるまで混ぜます。

ひとまとめにして**ラップで包み、冷蔵庫で8時間以上**休ませます。

⑥ 生地を伸ばす

⑤を冷蔵庫から出し、軽くもんでほぐします。

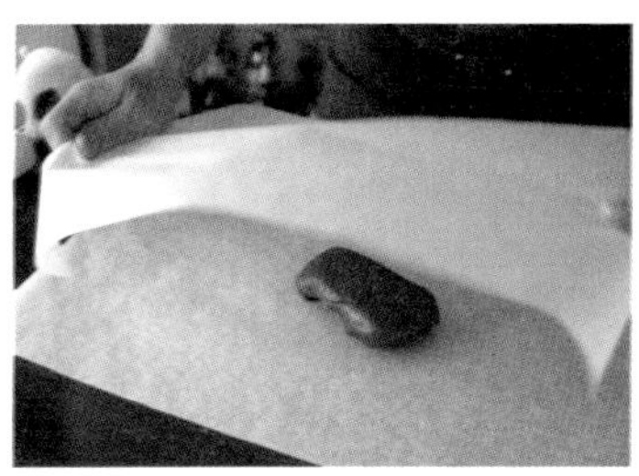

クッキングシートを敷いた台にのせ、上にもう一枚のクッキングシートをかぶせます。

ルーラーがなければ目分量でもOK！

めん棒で厚さ3㎜に伸ばします。両側に3㎜のアクリルルーラーを置くとやりやすいです。**クッキングシートごと冷蔵庫に入れ、1時間**冷やします。

TOOL アクリルルーラー、めん棒

《 次ページへ続きます

STEP  タルト生地を焼きます

7 生地を切る

オーブンの天板にベーキングシートを敷き、バターを塗ったタルトリングを置きます。**オーブンを190度に予熱**します。

TOOL ベーキングシート

TOOL タルトリング

冷蔵庫から生地を出し、直径12cmの丸型に抜きます。

8 型に入れる

タルトリングにのせ、すき間なく敷き込みます。

はみ出した生地をナイフなどでそぎ落とします。

生地が膨らみすぎないよう、底と側面にフォークでまんべんなく穴を開けます。

9 タルトストーンをのせて焼く

アルミカップを敷き、タルトストーンをのせます。**190℃に予熱したオーブン**に入れて**温度を180℃に下げ、15分**焼きます。

TOOL アルミカップ

TOOL タルトストーン

粗熱がとれたら型から外し、はみ出したところをナイフなどで削って形を整えましょう。

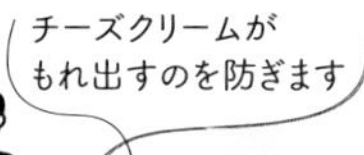

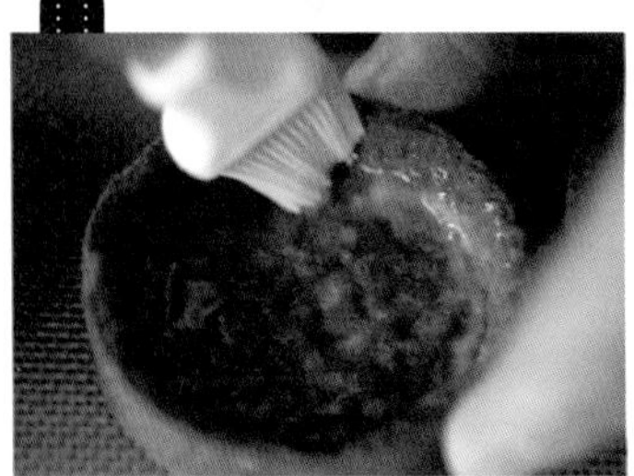

穴が開いているようなら、4の残りの卵を刷毛で塗ります。

TOOL 刷毛

★★★ CACAO NOTES

カリッとしたサブレのような食感に仕上げる生地なので、やわらかく、やや扱いにくいです。都度、冷蔵庫で冷やしながら作業するのがおすすめです。

STEP 3 チーズクリームを作ります

10 クリームチーズにグラニュー糖などを混ぜる

クリームチーズを耐熱ボウルに入れ、**電子レンジで20秒程度加熱**してやわらかくします。ゴムベラでなめらかになるまで練ります。

 **クリームチーズ　100g**

グラニュー糖と薄力粉をふるい入れて混ぜます。

グラニュー糖　35g

薄力粉　10g

溶きほぐした卵を少しずつ加えて混ぜます。

全卵　1個分

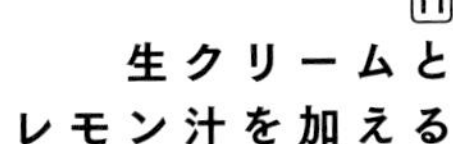

11 生クリームとレモン汁を加える

生クリームを加えて混ぜます。

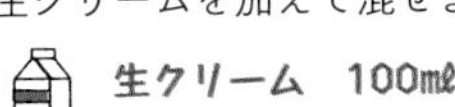 **生クリーム　100mℓ**

最後にしっかり混ぜてね

レモン汁を加え、泡立て器でよく混ぜます。

Fruits レモン汁　小さじ1

STEP 4 タルトに入れて焼きます

12 タルトケースに入れる

オーブンを**170℃に予熱**します。9のタルトケースに11のチーズクリームを流し入れます。

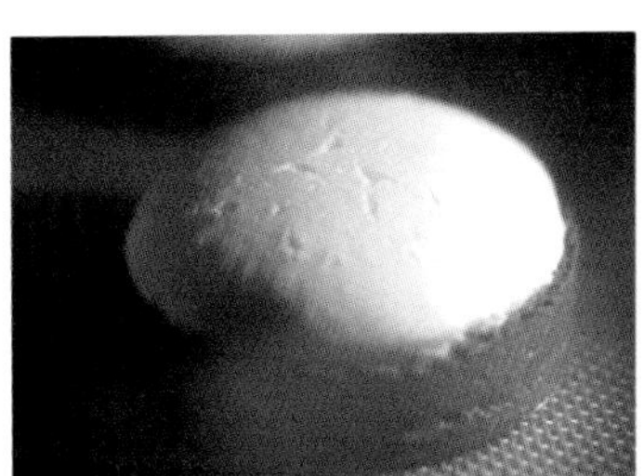

170℃のオーブンで25～30分焼きます。

完成!

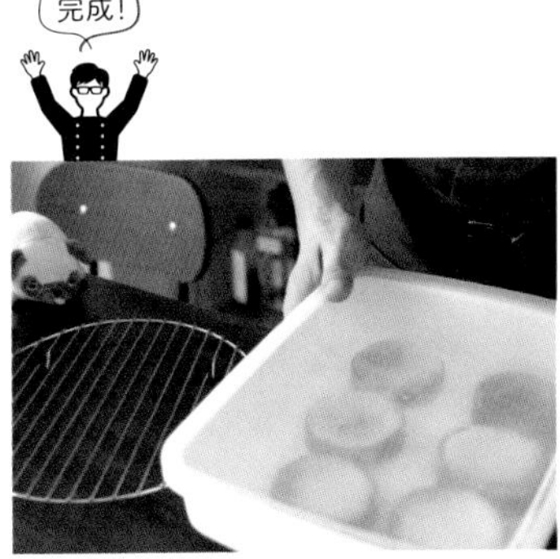

焼き上がったらケーキクーラーにのせて冷まします。粗熱がとれたら密閉容器に入れ、**冷蔵庫で1日**冷やします。

TOOL ケーキクーラー

15

バニラが香る、リッチなホワイトチョコチーズケーキ

バニラ・チーズ・テリーヌ・ショコラ

ホワイトチョコのまろやかな甘みとチーズのほのかな酸味の中に、ふんわりとバニラが香るしっとりとしたケーキです(誰ですか? 卵焼きみたい、なんて言うのは!?)。
低温で湯煎しながらじっくり焼くことで、どっしりとクリーミーに仕上がります。焼き上がってから冷蔵庫でひと晩冷やすとおいしいので、食べる前の日に焼いておくのがおすすめ。工程も材料の種類も比較的少ないので、時間がなくても作りやすいと思います。

▲
レシピ動画はココ

材料　18×8.5cmのパウンド型 1個分

ホワイトチョコレート　80g
バニラビーンズ　1本
生クリーム　200mℓ
クリームチーズ　200g
グラニュー糖　80g
卵　3個(うち100gを使います)
コーンスターチ　15g

製菓道具

18×8.5cmのパウンド型

下準備

パウンド型にクッキングシートをセットします(P18参照)。
オーブンを170℃に予熱します。

STEP 1 生地を作ります

① チョコを刻む

チョコは細かく刻み、ボウルに入れます。

ホワイトチョコレート
80g

バニラビーンズのさやを割いてたねを取り出します。取り出したあとのさやは半分に切ります。

バニラビーンズ　1本

② チョコと生クリームを混ぜる

小鍋に**生クリームの半量**を入れ、バニラビーンズのたねとさやを加えます。

生クリーム 100mℓ

中火で温めながら混ぜ、鍋肌がプツプツ泡立たら火を止めて……

ざるなどでこしながら①のチョコに加えます。

しばらくおいてチョコが温まったら、真ん中から混ぜて溶かします。

③ クリームチーズとグラニュー糖を混ぜる

クリームチーズを耐熱ボウルに入れ、**電子レンジで20秒**加熱してやわらかくします。ゴムベラで練ってマヨネーズ状にします。

クリームチーズ　200g

ボウルにゴムべらをすりつけるようにして

グラニュー糖を加えて混ぜます。

グラニュー糖　80g

④ 卵を加える

ボウルに卵を溶きほぐし、100gを量ります。

全卵　100g

③に3回に分けて加えながら、なめらかになるまで混ぜます。

⑤ その他の材料を加える

④に②を3回に分けて加えながら混ぜます。

残りの生クリームを加えてよく混ぜます。

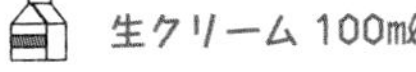

生クリーム 100mℓ

コーンスターチをふるい入れます。

コーンスターチ　15g

《 次ページへ続きます

STEP 2 焼きます

ゴムベラだとダマになりやすいので
泡立て器がおすすめ

6 型に入れる

ダマにならないように混ぜます。

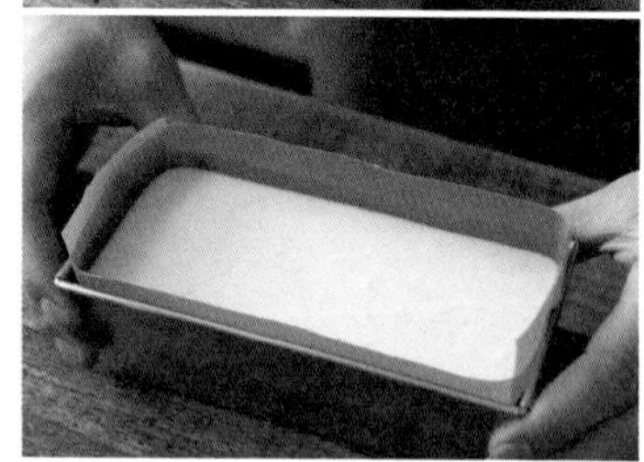

クッキングシートをセットした型に流し入れ、2～3回軽く台に落として気泡を抜きます。

TOOL **18×8.5㎝のパウンド型**

7 湯煎しながら焼く

オーブンの**天板の半分の深さまでお湯を入れて**6をのせます。

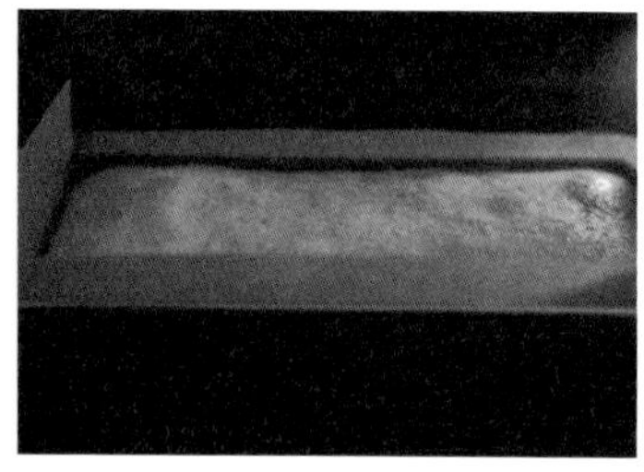

170℃に予熱したオーブンに入れて温度を**160℃に下げ、50分**湯煎焼きをします。

★★★

CACAO NOTES

天板にお湯を入れて焼くことで、オーブンの庫内の水分が多くなり、ふつうに焼くよりしっとりと焼き上げることができます。お湯の量が多すぎると、型を入れたときにあふれることがあるので注意してください。

8 冷やして切る

粗熱がとれたら**ラップをかけ、冷蔵庫で8時間以上**冷やします。

完成!

型から外し、温めた包丁で好みの厚さに切ります。

cacao column

カカオやチョコは料理にもおすすめです

お菓子のイメージが強いチョコレートですが、コクのある味や甘みと苦味のバランスは、他の料理にもよく合います。板チョコをカレーやシチューの隠し味として入れるレシピはよくありますし、ガレット（そば粉で作るおかずクレープ）の生地にココアパウダーを入れるのもおすすめ。カレーに板チョコそのものをのせるレストランも。

僕のおすすめは、下味にココアパウダーを使った「カカオハンバーグ」。パン粉をふやかすとき、ココアパウダーを加えた牛乳に浸します。あとはふつうにひき肉でたねを作って焼くだけ。ココアパウダーの苦味をメインにはできませんが、ほのかにカカオを感じる、おいしいハンバーグに仕上がります。

ちなみに、ハンバーグのソースにチョコを入れてみたところ、おいしくなかったので、これはやめたほうがいいです！（笑）

16

イタリアの定番ドルチェをシュークリームにアレンジ

シュー・ティラミス・ショコラ

巷で人気のティラミスシュークリームを、僕なりにアレンジしてみました。口に入れた瞬間に、甘さ控えめながら濃厚でまろやかなクリームが口いっぱいに広がる、ナイスカカオな絶品です。
ちなみに、「ティラミス」はイタリア語で「私を元気づけて」といったような意味で、卵と砂糖たっぷりで食べると元気になる〝強壮剤〟的な役割もあったとか。このスイーツにそんな意味はこめていませんよ(笑)。

▲
レシピ動画はココ

材料　直径約5cmのシュークリーム×30個分

【シュー生地】

薄力粉　70g
ココアパウダー　5g
卵　4個
Ⓐ
水　70mℓ
牛乳　60mℓ
無塩バター　50g
グラニュー糖　3g
塩　2g

【ガナッシュ】

ダークチョコレート　50g
生クリーム　50mℓ

【ティラミスクリーム】

マスカルポーネチーズ　100g
クリームチーズ　50g
グラニュー糖　45g
卵黄　2個分
生クリーム
(乳脂肪分45%程度)　200mℓ
グラニュー糖　45g
ココアパウダー　適量

製菓道具

しぼり袋　2枚
丸口金
星口金

下準備

しぼり袋にそれぞれ丸口金と星口金をセットします。
オーブンの天板にクッキングシートを敷きます。
オーブンを210℃に予熱します。
クリームチーズを常温においてやわらかくします。

STEP 1 シュー生地を作ります

1 粉類をふるい卵を溶く

薄力粉とココアパウダーをあわせてふるいます。

- 薄力粉 70g
- ココアパウダー 5g

白身をしっかり切って

ボウルに卵を溶きほぐします。

- 全卵 4個分

2 牛乳とバターに粉類を加える

小鍋にⒶを入れ、中火で温めながら混ぜます。

- 水 70mℓ
- 牛乳 60mℓ
- 無塩バター 50g
- グラニュー糖 3g
- 塩 2g

沸騰したら火を止め、1の粉類を加えて混ぜます。

鍋に貼りついた生地は削らないで

ひとまとまりになったら**弱火にかけ**、さらに混ぜながら、**鍋底に生地が薄い膜のように貼りつくまで**焼きます。

火を止めて、ボウルに取り出しましょう。

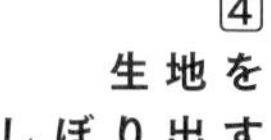
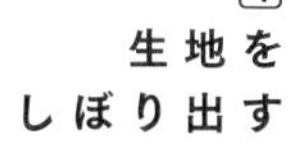

STEP 2 焼きます

3 卵を加えて混ぜる

しっかり乳化させることで生地が膨らみやすくなります

2が熱いうちに、1の卵を少しずつ加えて混ぜます。

卵は全部使わなくても大丈夫です

生地が30℃くらいのときに、すくうとゴムベラから生地が**三角形に垂れるくらいの硬さ**に調整します。

4 生地をしぼり出す

丸口金をセットしたしぼり袋をコップなどに入れ、袋の端を折り返します。

TOOL しぼり袋

TOOL 丸口金

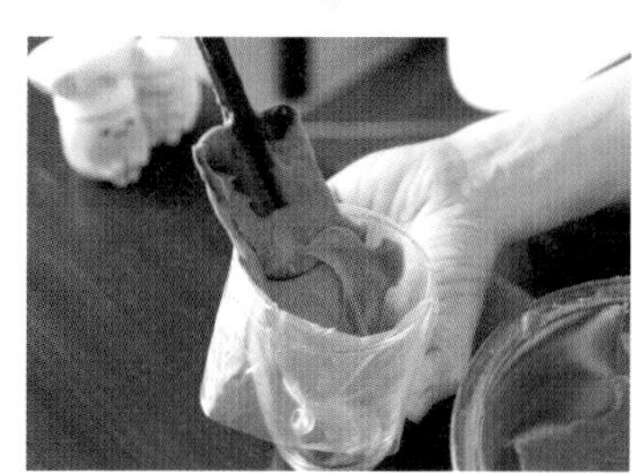

3の生地を入れます。

クッキングシートを敷いた天板に、4の生地を**直径3cm程度**にしぼり出します。

5 水をかけて焼く

こうすると生地が膨らみやすくなります

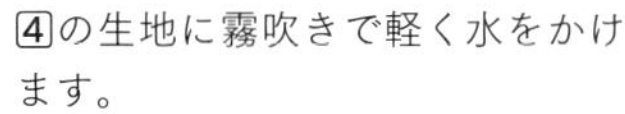

4の生地に霧吹きで軽く水をかけます。

210℃に予熱したオーブンで15〜18分焼き、**オーブンの扉を閉めたまま170℃に温度を下げてさらに15分**焼きます。

粗熱がとれたら、水平よりやや斜めになるように切っておきましょう。

《 次ページへ続きます

STEP 3 ガナッシュを塗ります

6 ガナッシュを作る

チョコを細かく刻み、ボウルに入れます。

ダークチョコレート 50g

小鍋に生クリームを入れて中火で温めます。鍋肌がプツプツしてきたら火を止めて……

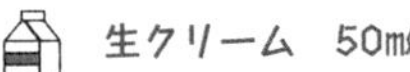
生クリーム 50mℓ

刻んだチョコレートに加えます。

7 シュー皮に塗る

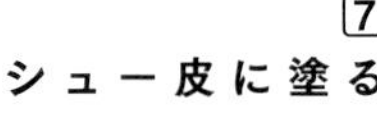

しばらくおいてチョコが温まったら、真ん中から混ぜて溶かします。

半分に切ったシュー生地の切り口をつけます。

さらにスプーンでたっぷりと塗り、**冷蔵庫で1時間**冷やし固めます。

STEP 4 ティラミスクリームを作ります

8 チーズとグラニュー糖、卵を混ぜる

ボウルにチーズを入れ、グラニュー糖を加えて混ぜます。

マスカルポーネチーズ 100g

クリームチーズ 50g

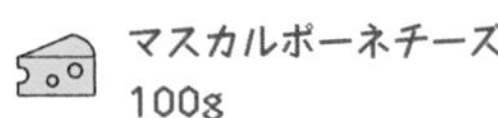
グラニュー糖 45g

卵黄を少しずつ加えながら混ぜます。

卵黄 2個分

STEP 5 シューにクリームを入れます

9 生クリームを加える

別のボウルに生クリームとグラニュー糖を入れ、**氷水にあてながら八分立てに**泡立てます。

- 生クリーム（乳脂肪分45％程度） 200mℓ
- グラニュー糖 45g

8に加えて混ぜます。

10 クリームをしぼり出す

星口金をセットしたしぼり袋に9を入れます。

TOOL しぼり袋

TOOL 星口金

7のシュー皮の上に形よくしぼり出します。

11 仕上げ

ココアパウダーをふりかけ、上半分のシュー皮をかぶせます。

- ココアパウダー 適量

★★★

CACAO NOTES

ティラミスは、本来はビスケットにエスプレッソなどのコーヒー液をしみこませた生地が入ります。今回はその代わりにビターなガナッシュをシューに塗っています。味の決め手になるので、ぜひ割愛しないで行ってください。

17

どっしり濃厚なチーズに、チョコの風味がアクセント

チョコレートベイクド チーズケーキ

チョコ好きが作る、チョコ好きのためのチーズケーキ！
チョコチーズクリームをタルト仕立てにするレシピはよくありますが、王道チーズケーキにチョコをこれでもかとたっぷり加えてみました。
口に入れると、チョコとチーズのおいしさが交互に波のようにやってくる、濃厚で奥深い味わい。生地にコーンスターチを入れることで、湯煎焼きしなくてもしっとりと焼き上がります。

▲
レシピ動画はココ

材料　直径15cmの丸型1個分

グラハムビスケット　50g
無塩バター　30g
ダークチョコレート　80g
生クリーム　100mℓ
クリームチーズ　120g
卵　1個
グラニュー糖　30g
コーンスターチ　10g

製菓道具

直径15cmの丸型
めん棒
ケーキクーラー

下準備

無塩バターを湯煎か電子レンジで加熱して溶かします。
オーブンを170℃に予熱します。

STEP 1 型を準備します

1 型にクッキングシートをセットする

ケーキ型の底と側面にクッキングシートをセットします。

TOOL 直径15cmの丸型

内側に溶かしバターかサラダ油（ともに分量外）を塗っておきましょう。

STEP 2 ベースを作ります

2 ビスケットを砕く

密閉袋にビスケットを入れ、袋の上からめん棒で砕きます。

グラハムビスケット　50g

TOOL めん棒

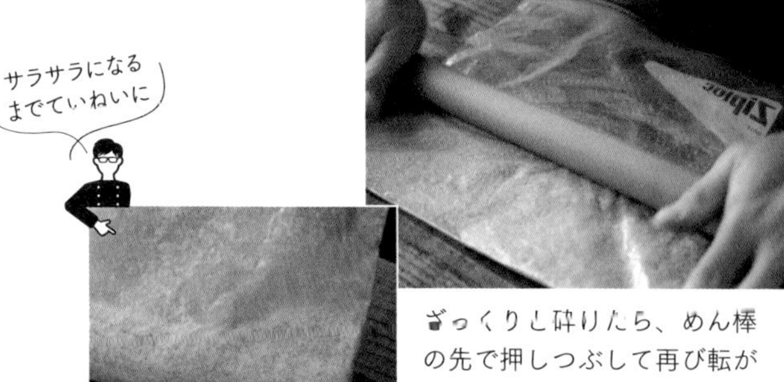

ざっくりと砕けたら、めん棒の先で押しつぶして再び転がし、さらに細かく砕きます。

3 バターを加える

2に溶かしたバターを加えて混ぜます。

無塩バター　30g

STEP 3 生地を作ります

4 型に敷く

1の型に3を入れて広げます。

コップなどをぎゅっと押しつけて固めます。

ラップをかけて冷蔵庫で30分冷やし固めます。

5 チョコと生クリームを混ぜる

チョコを細かく刻み、ボウルに入れます。

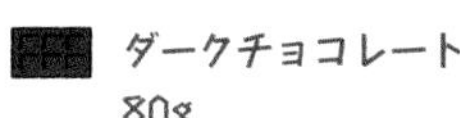

ダークチョコレート 80g

小鍋に生クリームを入れ、中火で温めます。鍋肌がプツプツと泡立ったら火を止めて……

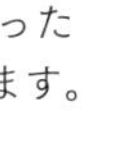

生クリーム 100mℓ

刻んでおいたチョコに加えます。

しばらくおいてチョコが温まったら、真ん中から混ぜて溶かします。

《 次ページへ続きます

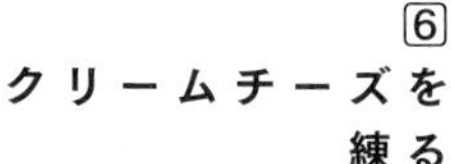

6 クリームチーズを練る

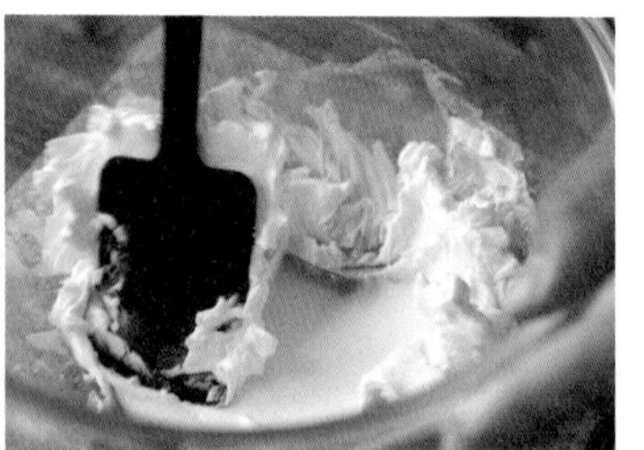

耐熱ボウルにクリームチーズを入れ、**電子レンジで20秒**加熱してやわらかくします。ゴムベラでなめらかになるまで練ります。

クリームチーズ　120g

温めることで、チーズに加えたとき分離するのを防ぎます

7 卵とグラニュー糖を混ぜる

耐熱ボウルに卵を溶きほぐします。**電子レンジで10秒加熱して混ぜ、さらに5秒程度**加熱して人肌に温めます。

全卵　1個分

グラニュー糖とコーンスターチをふるい入れ、よく混ぜます。

グラニュー糖　30g

コーンスターチ　10g

8 クリームチーズに加える

6のチーズに7を加えて混ぜます。

STEP 4 焼きます

9 チョコを加える

8に5を少しずつ加えながらよく混ぜます。

ざるなどでこします。

10 型に入れて焼く

ビスケットを敷いた型に9を流し入れます。

2〜3回軽く台に落として気泡を抜きます。表面に残った気泡はゴムベラでつぶしておきましょう。

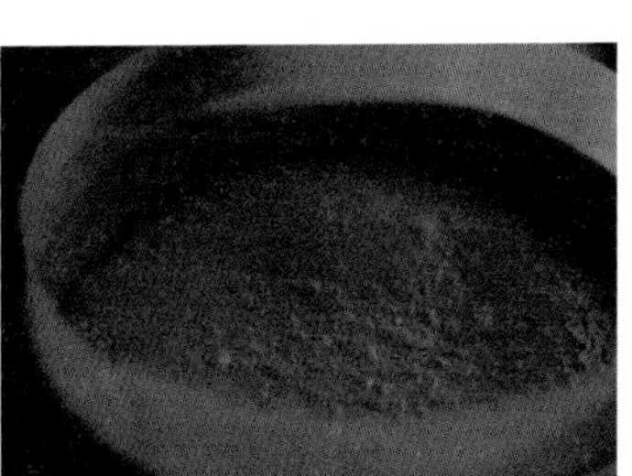

170℃に予熱したオーブンで30〜35分焼きます。

11 冷蔵庫で冷やす

焼き上がったら、型に入れたままケーキクーラーにのせて冷まし、粗熱がとれたら密閉容器などに入れ、**冷蔵庫で1日**冷やします。

TOOL ケーキクーラー

温めた包丁で、食べやすい大きさに切り分けます。

18

抹茶とホワイトチョコをトロッとレアに焼き上げて

抹茶のレアガトーショコラ

外側はどっしりしながらサクサク感があり、内側はトロッとレアなガトーショコラです。ほろ苦い抹茶とホワイトチョコレートはとても相性がいい組み合わせで、一時期は抹茶チョコのスイーツを連発で投稿していたほど。動画でははちみつを入れていますが、どうしても生地が分離しやすくなるので、ここでははちみつなしのレシピをご紹介します。十分に甘くておいしく、抹茶の味が際立ってむしろおすすめです。

▲
レシピ動画はココ

材料　18×8.5㎝のパウンド型1個分

【レアガトーショコラ】

卵　4個(うち160gを使います)
ホワイトチョコレート　220g
無塩バター　125g
抹茶パウダー　25g
グラニュー糖　45g

【デコレーション】

生クリーム　100㎖
グラニュー糖　10g
粉糖　少々
ココアパウダー　適量
(あれば)ミントの葉　適量

製菓道具

18×8.5㎝のパウンド型
ケーキクーラー

下準備

卵は常温に戻します。
パウンド型にクッキングシートをセットします(P18参照)。
オーブンを180℃に予熱します。
湯煎に使うお湯を用意します。

STEP 1　生地を作ります

① 卵を溶きほぐす

ボウルに卵を溶きほぐします。

ざるなどでこし、160gを量りとります。

全卵 160g

② チョコとバターを混ぜる

チョコを細かく刻んでボウルに入れ、2～3cm角に切ったバターを加えます。

ホワイトチョコレート
220g

無塩バター　125g

湯煎で温め、溶かしながらよく混ぜます。

③ 抹茶、グラニュー糖、卵を加える

②が溶けたら、抹茶パウダーを加えて混ぜます。

抹茶パウダー　25g

なめらかになったらグラニュー糖を加え、さらに混ぜます。

グラニュー糖　45g

①の卵を少しずつ加えながら**ゴムベラで混ぜ、泡立て器に持ち替えて**なめらかになるまで混ぜます。

STEP 2 焼きます

4 型に流して焼く

クッキングシートをセットした型に流し入れ、2〜3回台に軽く落として気泡を抜きます。

TOOL 18×8.5㎝のパウンド型

これくらい膨らみますが、オーブンから出したらしぼむので大丈夫

180℃に予熱したオーブンで18〜20分焼きます。

焼き上がったらケーキクーラーにのせて冷まし、粗熱がとれたら**型のまま冷蔵庫で1日**冷やします。

TOOL ケーキクーラー

STEP 3 デコレーション

5 ホイップクリームを作る

生クリームにグラニュー糖を加え、**氷水にあてて冷やしながら八分立てに**泡立てます。

生クリーム　100㎖

グラニュー糖　10g

6 切り分ける

4を好みの厚さに切って並べます。

食べる直前に5のホイップクリームを添え、粉糖とココアパウダーをふりかけます。

粉糖　少々

ココアパウダー　適量

完成！

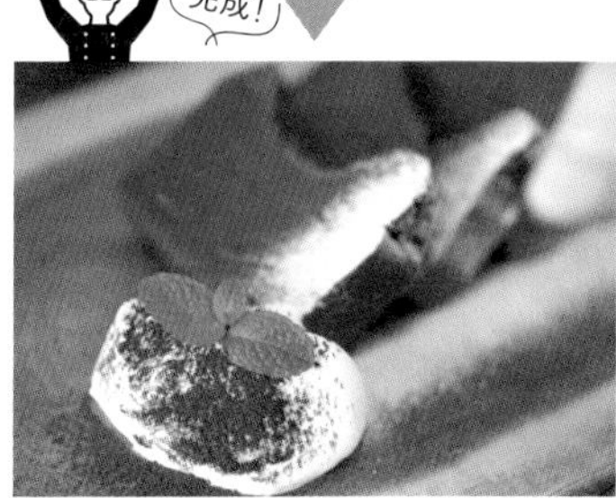

あればミントの葉を飾ります。

ミントの葉　適量

19

タピオカでアクセントをつけたボリューミーな生どら

タピオカチョコクリームどら焼き

コンビニで見つけたボリュームたっぷりの生どら焼きにインスパイアされて生まれたレシピ。どら焼きと生クリームの相性のよさは、生どらで実証済みなので、そこにチョコをプラス。さらに、人気のタピオカで味にも見た目にもインパクトを出しました。
甘さ控えめのチョコクリームに、タピオカのモチモチした食感がアクセントになって、後を引くおいしさです！

▲
レシピ動画はココ

材料　直径8cmのどら焼き3個分

【どら焼きの皮】

ホットケーキミックス　50g
ココアパウダー　2g
ブラックココアパウダー　1g
重曹　1g
上白糖　9g
はちみつ　13g
みりん　7mℓ
牛乳　35mℓ
卵　1個（うち20gを使います）

【チョコレートタピオカクリーム】

ブラックタピオカ（生）　100g
ダークチョコレート　60g
生クリーム　200mℓ
グラニュー糖　10g
粉ゼラチン　3g
牛乳　30mℓ

製菓道具

フッ素樹脂加工のフライパン
ケーキクーラー
しぼり袋
丸口金
ムースフィルム（4.5cm幅）　9枚
パレットナイフ

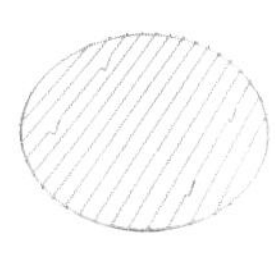

下準備

しぼり袋に丸口金をセットします。

STEP 1 皮の生地を作ります

1 粉類を混ぜる

粉類をあわせてふるいます。

- ホットケーキミックス 50g
- ココアパウダー 2g
- ブラックココアパウダー 1g
- 重曹 1g

泡立て器でムラがなくなるまで混ぜます。

2 糖類を混ぜる

別のボウルに上白糖を入れ、みりんとはちみつを加えます。

- 上白糖 9g
- みりん 7mℓ
- はちみつ 13g

3 牛乳と卵を加える

白身のこしをよく切ってね

2に牛乳を加えて混ぜます。ボウルに卵を溶きほぐし、20gを量り入れて混ぜます。

- 牛乳 35mℓ
- 全卵 20g

泡立て器でよく混ぜます。

STEP 2 皮を焼きます

4 1と3を混ぜる

1に3を加え、粉っぽさがなくなるまでよく混ぜます。

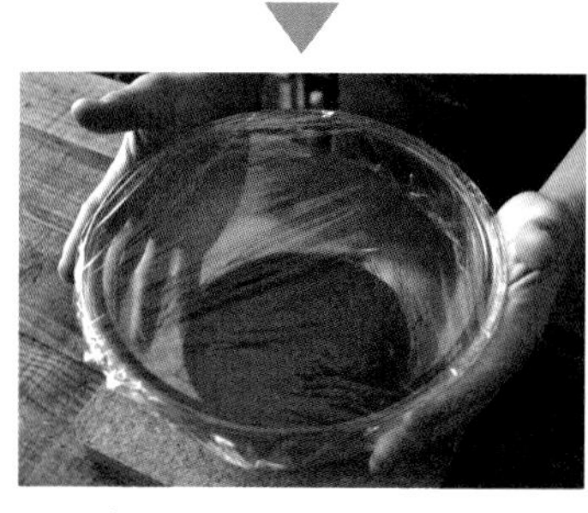

ラップをかけて冷蔵庫で1時間休ませます。

5 フライパンを熱する

ぬれ布巾にのせることで100℃くらいになります

フッ素樹脂加工のフライパンを中火で15〜20秒熱し、**ぬれ布巾にのせて冷まします。**

TOOL フッ素樹脂加工のフライパン

★★★

CACAO NOTES

フッ素樹脂加工でないフライパンを使う場合は、多めのサラダ油を入れて中火で2〜3分温めます。フライパンを回して全体に油をなじませたら、よぶんな油をポットに戻し、キッチンペーパーで拭き取ります。

6 生地を流して焼く

フライパンをコンロに戻して弱火にし、4の生地を直径8cm程度になるよう丸く流し入れます。

表面に写真のような気泡が出てきたら上下を返し、さらに軽く焼きます。

《 次ページへ続きます

STEP 3 タピオカをゆでます

7 乾燥しないように冷ます

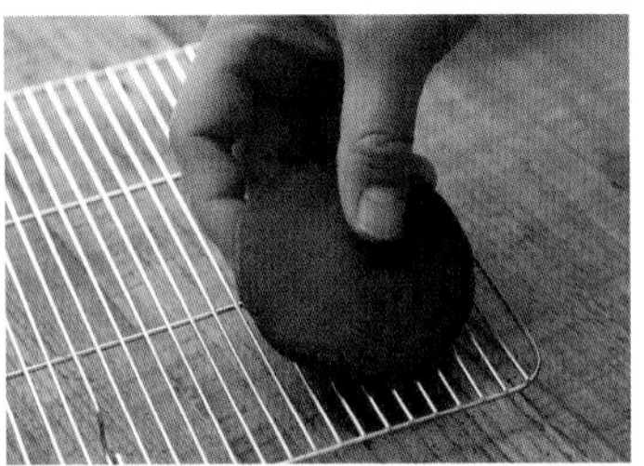

両面焼けたら、ケーキクーラーにのせて冷まします。

TOOL ケーキクーラー

粗熱がとれたら皿に移し、ラップをかけておきましょう。

8 タピオカをゆでる

鍋に水500mℓを入れて火にかけます。沸騰したらタピオカを入れ、最初は**強火で3分**ゆでます。

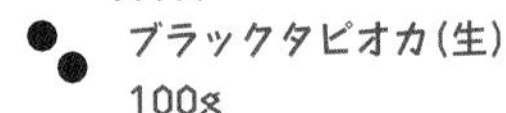

ブラックタピオカ(生) 100g

その後**中火にして混ぜながら20分**ゆで…

とろみが出てきたら**火を止めてふたをし、30分**蒸らします。

9 氷水で冷やす

硬いようなら様子を見ながら追加で数分ゆでます

ひと粒食べて中までゆで上がっているか確認します。

ゆで上がったらざるにあげ、ざるごと氷水につけて冷やします。

CACAO NOTES

ここではブラックタピオカ(生)を使いました。乾燥タピオカは調理方法が違うことがあるので注意して。

STEP 4 チョコレートクリームを作ります

10 チョコを刻む

チョコを細かく刻み、ボウルに入れます。

ダークチョコレート 60g

11 生クリームとチョコを混ぜる

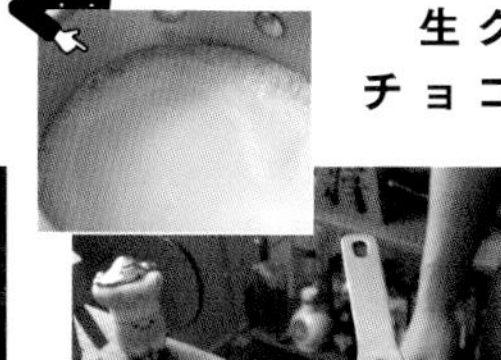

小鍋に**生クリームの半量**を入れ、中火で温めます。鍋肌がプツプツと泡立ったら火を止めて……

生クリーム 100mℓ

10のチョコに加え、溶かしながら混ぜます。

氷水にあてて冷やし、残りの生クリームとグラニュー糖を加えて混ぜます。

生クリーム 100mℓ

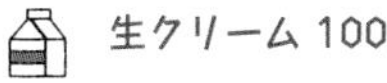
グラニュー糖 10g

そのまま**氷水にあてながら五分立てに**泡立てます。

《 次ページへ続きます

STEP 5 タピオカを入れて冷やします

12 ゼラチンを加える

ゼラチンに牛乳を入れてふやかします。

粉ゼラチン　3g

牛乳　30mℓ

電子レンジで20秒加熱してゼラチンを溶かし、11に加えてよく混ぜます。

13 泡立てる

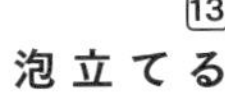

氷水にあてて冷やしながら、さらに**もったりするまで**泡立てます。

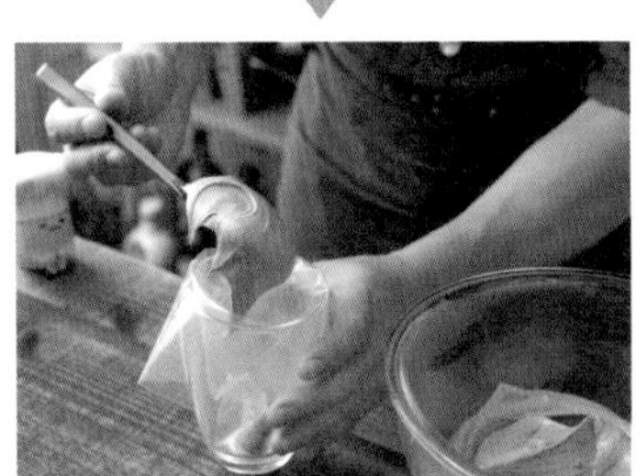

丸口金をセットしたしぼり袋に入れます。

TOOL しぼり袋

TOOL 丸口金

14 ムースフィルムを用意する

ムースフィルムを20cm長さに3枚切り、直径6cmの筒状に丸めて端をセロテープで留めます（この写真ではどら焼き4個分で作業しています）。

TOOL ムースフィルム

ラップを敷いたバットの上に並べます。

STEP 6 仕上げ

[15] チョコクリームをしぼり タピオカを入れる

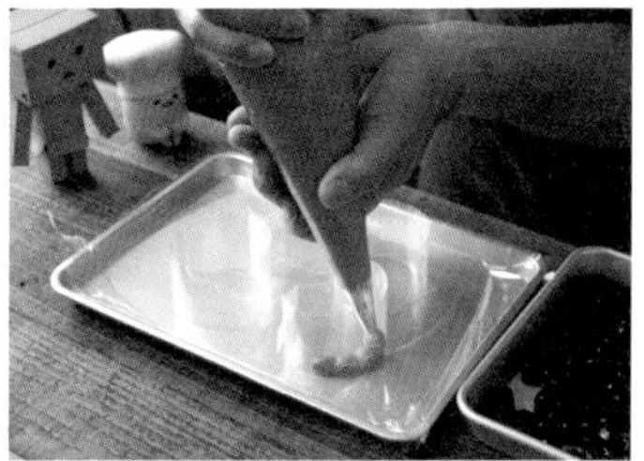

[14]のムースフィルムの内側に、[13]のチョコクリームをしぼり入れます。

浅くしぼったら、[9]のタピオカをのせます。

タピオカをバランスよく配置して

同様にタピオカとチョコクリームを重ねていきます。

ムースフィルムの高さいっぱいまでクリームを入れたら、表面を平らにならします。

密閉容器などに入れて、**冷蔵庫で3時間以上**冷やし固めます。

[16] どら焼きの皮ではさむ

[7]のどら焼きの皮に[15]のチョコクリームをのせ、ムースフィルムをはがします。

パレットナイフなどで側面を平らに整えて……

TOOL **パレットナイフ**

完成!

もう1枚の皮をかぶせます。

＼おまけ／

ビビッドカラーが印象的な、本格派のキャラスイーツ

紫芋のおばけモンブラン

ここまでチョコたっぷりのスイーツをご紹介してきましたが、最後におまけで、(チョコスイーツじゃないけど) YouTubeで大人気だったモンブランをどうぞ。
モンブランクリームをおばけの毛に見立てて、チョコペンで顔とプロペラを作りました。しっとりなめらかな紫芋と、サクッと軽いメレンゲクッキーを活かすよう、中のクリームは甘さ控えめでシンプルな味に。今年のハロウィンにはぜひこれを作って「トリック・オア・カカオ！」

▲
レシピ動画はココ

材料　6個分

【メレンゲクッキー】
卵白　40g
Ⓐグラニュー糖　40g
Ⓑグラニュー糖　40g

【紫芋のモンブランクリーム】
紫芋　400g以上
上白糖　30g
練乳　30㎖
生クリーム　50㎖

【クレーム・シャンティイ】
生クリーム(乳脂肪分45%程度)　150㎖
グラニュー糖　15g

【デコレーション】
チョコペン(白・黒・黄色・赤)　各1本
パスタ(細めタイプ)　適量
サラダ油　適量

製菓道具

しぼり袋　3枚
丸口金
モンブラン口金
星口金
パレットナイフ

下準備

しぼり袋にそれぞれ丸口金、モンブラン口金、星口金をセットします。
天板にクッキングシートをセットします。
オーブンを120℃に予熱します。
パスタはサラダ油できつね色になるまで揚げます。

STEP 1 メレンゲクッキーを作ります

① 卵白を泡立てる

グラニュー糖を40gずつのⒶ、Ⓑに分けます。卵白にⒶの1/4量を加え、ハンドミキサーで泡立てます。

卵白　40g

グラニュー糖Ⓐ　約10g

▼

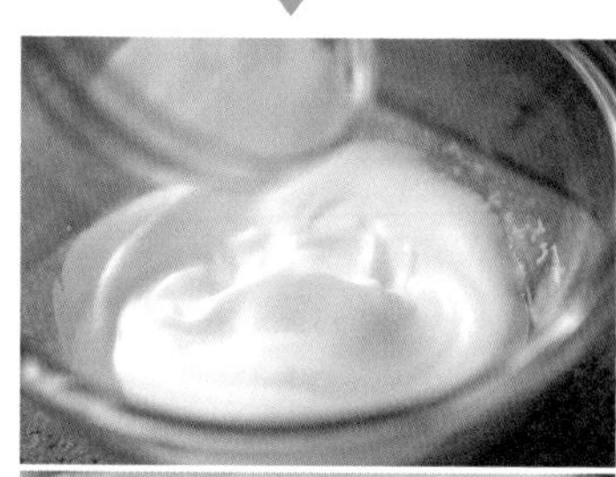

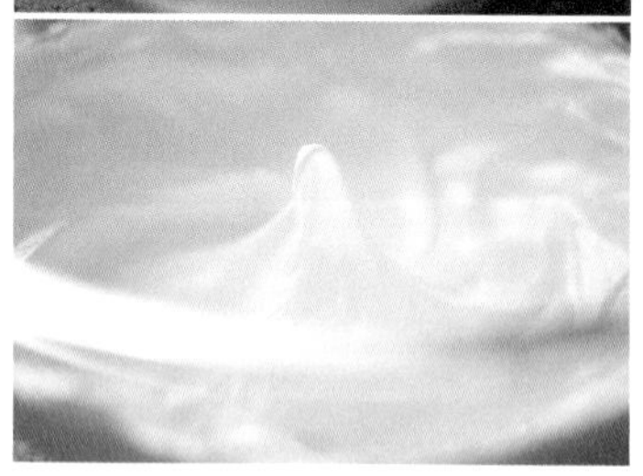

泡立ったら、**残りのグラニュー糖Ⓐを10gずつ加えながら混ぜ、ピンと角が立つまで**泡立てます。

グラニュー糖Ⓐ　計約30g

ボウルをひっくり返しても
流れないくらいに!

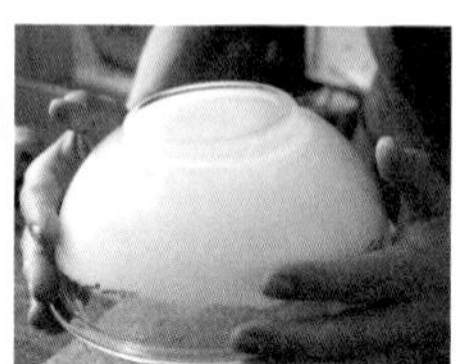

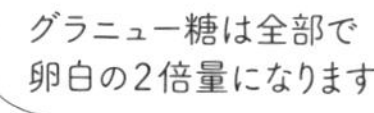

さらにグラニュー糖Ⓑを加え、できるだけ卵白をつぶさないよう、ゴムベラですくうようにして、**全体にツヤが出るまで**混ぜます。

グラニュー糖Ⓑ　40g

② 丸くしぼって焼く

丸口金をセットしたしぼり袋に入れ、クッキングシートをセットした天板に直径7～8cm程度にしぼり出します。

TOOL しぼり袋

TOOL 丸口金

▼

120℃に予熱したオーブンに入れて**温度を115℃に下げ、120分**焼きます。

STEP 2 モンブランクリームを作ります

3 紫芋を蒸す

紫芋は皮つきのまま4〜5cm幅に切ります。

Fruits 紫芋　400g以上

竹串がすっとはいるくらい

全体にやわらかくなるまで15分程度蒸します。

4 裏ごしする

皮をとります。皮と実の間に竹串を差し込み、ぐるりと回すと簡単にとれます。

繊維が多くて裏ごししにくいけどがんばって!

裏ごしして300gを量りとります。

5 上白糖などを加える

4に上白糖と練乳を加えて混ぜます。

上白糖　30g

練乳　30mℓ

生クリームを半量ずつ加えながら混ぜます。

生クリーム　50mℓ

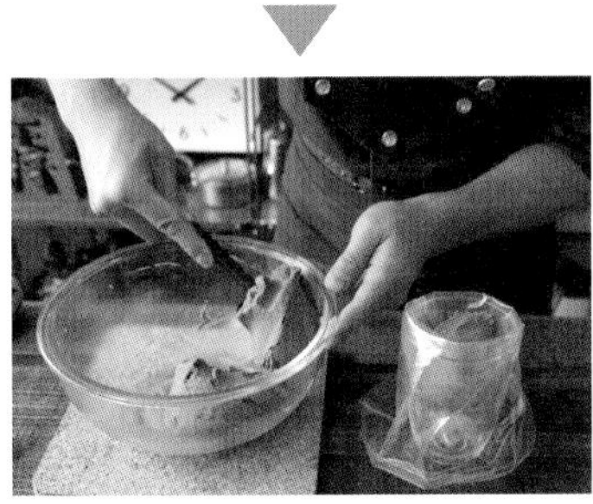

モンブラン口金をセットしたしぼり袋に入れます。

TOOL しぼり袋、モンブラン口金

《 次ページへ続きます

STEP 3 クレーム・シャンティイを作ります

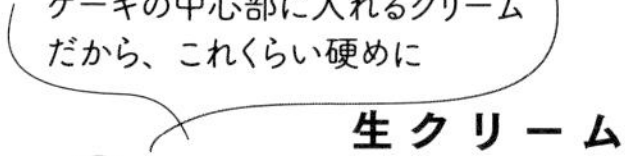

6 生クリームを泡立てる

生クリームにグラニュー糖を加え、**氷水にあてて冷やしながら硬めに**泡立てます。

生クリーム
(乳脂肪分45%程度) 150mℓ

グラニュー糖 15g

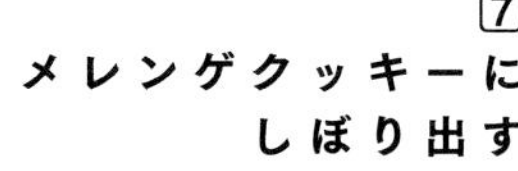

7 メレンゲクッキーにしぼり出す

6のホイップクリームを、星口金をセットしたしぼり袋に入れます。

TOOL しぼり袋

TOOL 星口金

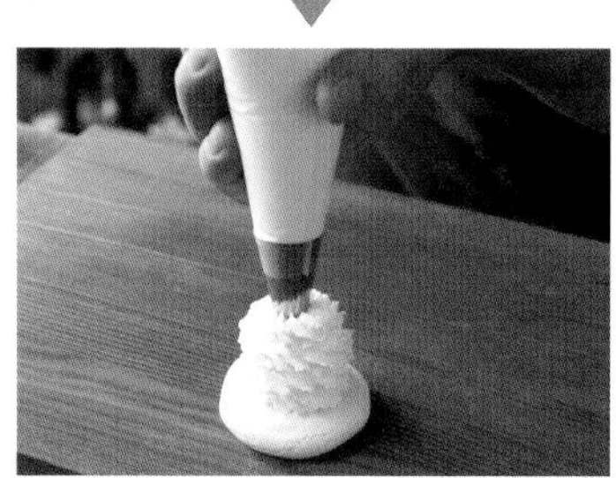

1のメレンゲクッキーに、高さ6cm程度になるようしぼり出します。

STEP 4 モンブランクリームをかけます

8 モンブランクリームをかける

7に5のモンブランクリームを手早くたっぷりとかけます。

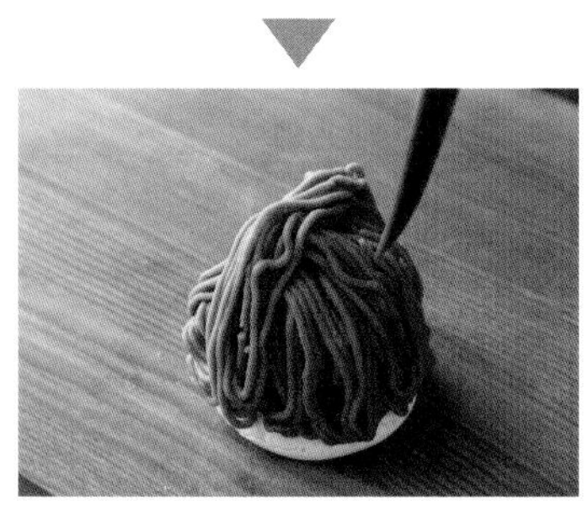

クリームが浮いた部分はゴムベラでなじませておきましょう。

★★★

CACAO NOTES

クリームをのせると土台のメレンゲクッキーがすぐに湿ってしまいます。保存はせず、モンブランクリームをかけたらできるだけ早く食べるのがおすすめ。デコレーションなしでここで完成としてもOKです。

STEP 5 デコレーション

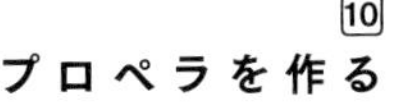

⑨ 顔のパーツを作る

小鍋にお湯を用意し、チョコペンをつけて溶かします。

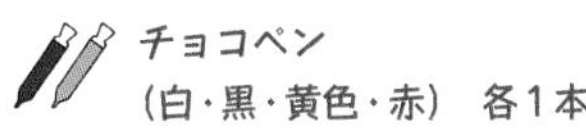

チョコペン
（白・黒・黄色・赤） 各1本

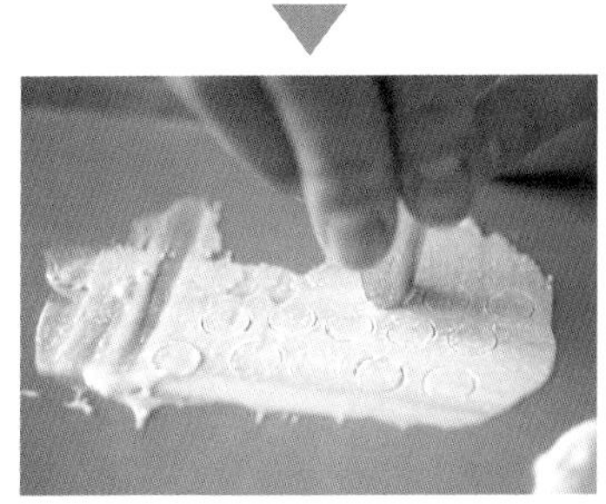

バットなどに白のチョコペンをたらしてパレットナイフで薄く広げ、丸口金で型抜きして目を作ります。

TOOL パレットナイフ

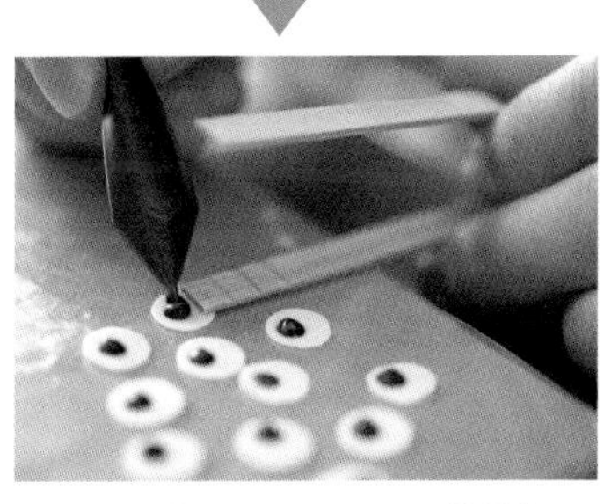

その上に黒のチョコペンで黒目を描きます。残りで口を描きます。

⑩ プロペラを作る

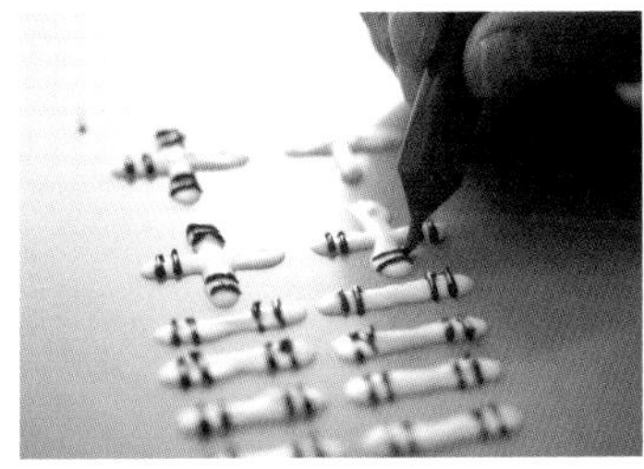

黄色のチョコペンでプロペラを作り、赤のチョコペンで線を描きます。

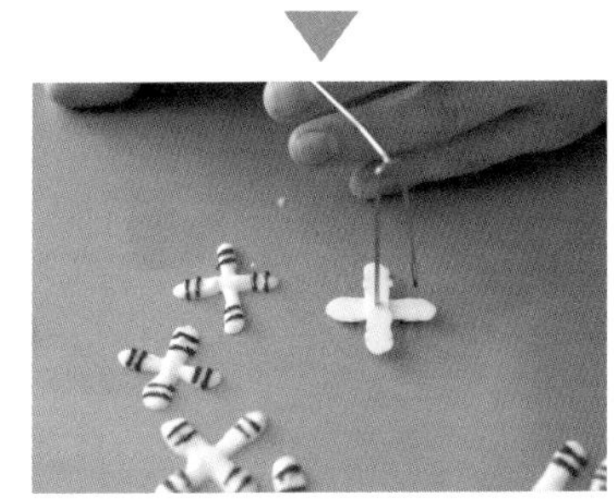

プロペラを2枚重ね、温めた針金で穴を開けます。

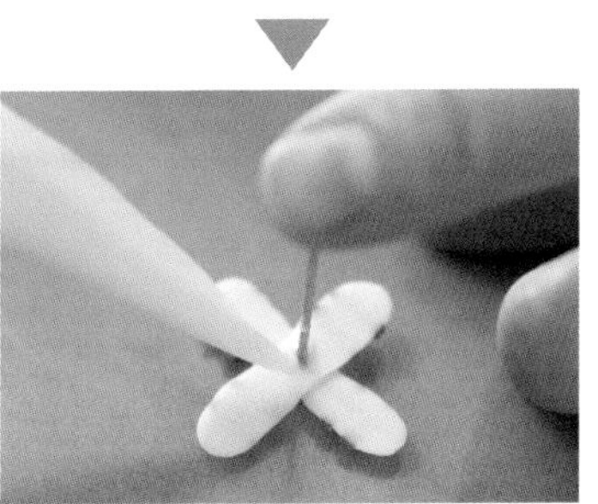

揚げたパスタを差し込み、残りのチョコペンで固定します。

⑪ 顔とプロペラをつける

⑧のモンブランに⑨のパーツを貼ります。

⑩のプロペラを差し込みます。

SEIJIN×超話題のチョコレート専門ブロガー チョコレートくんのチョコホリック談義

コンビニチョコもレベルが高い日本は チョコレート天国かも!?

著者のSEIJINが以前から大ファンだった有名チョコブロガー、チョコレートくん。その超絶繊細な味覚と幅広い知識に触れたいとラブコールを送り、夢の対談が実現しました。ふたりのマニアぶりが炸裂した、濃厚チョコレートトークをお届けします！

ぼくが チョコレートくん です

チョコレートくん
世界中の高級ブランドからコンビニのチョコ菓子まで、1年365日チョコレートを食べ続けるチョコレート探検家。2014年よりチョコレート専門情報サイト「チョコレートくんのチョコラボ」でほぼ毎日チョコの情報を発信している。

Chocolat du Cima
チョコレートくんが立ち上げたショコラブランド。商品は、オンラインショップの他、東京墨田区のセレクトカフェ「ホソミーファクトリー」でも購入できる。

SEIJIN（以下S） はじめまして。SEIJINと申します。

チョコレートくん（以下C） はじめまして。じつはSEIJINさんのYouTubeは1年くらい前から見ていて、今日会えるのが楽しみすぎて昨日眠れなかったんです。

S そんな（笑）。チョコレートくんは、今やチョコ情報発信の第一人者と言ってもいいと思うんですが、チョコの魅力に目覚めたきっかけって……？

C もともとチョコレート好きだったんですが、大学生のころ知り合いにイタリアの「アメデイ」[※1]というブランドのチョコをもらったのがきっかけですね。**ひと口食べて「今まで食べてきたチョコと全然違う！」と感じました。**

S 年間どれくらいの数のチョコを食べているんですか？

C 2000種類以上は食べているんじゃないかな。中でも板チョコの世界が面白くて、ここ10年くらいでレベルがどんどん上がっています。ビーントゥバーブーム[※2]の影響で**カカオ豆の質が着目された影響**かと。以前はおいしいチョコといえば「ヴァローナ社」[※3]が筆頭だったけれど、今はもっとブランドが増えて選択の幅が広がっています。

「ビーントゥバー」がきっかけで、今は世界的なチョコブーム到来中

S ちょっとしたチョコレートブームですね。日本のサロン・デュ・ショコラ[※4]の規模も拡大してきています。

C そうですね。イタリアの「ドモーリ社」[※5]の創業者が絶滅寸前だったカカオの品種を見つけ、それを復活させるという信念で苗を自分の農場で育てて、世界トップクラスのチョコレートを作りました。それからカカオの品種が注目されるようになり、ビーントゥバーの広がりが加速したと思っています。

S 最近は日本でも立花商店[※6]さんなど、カカオ豆を扱う業者さんが出てきて、個人でもチョコレートを作れるようになりましたよね。僕もビーントゥバーをやったことがあります。

C あれ大変なんですよね（笑）。よりおいしいチョコにするために、いい豆を選別するところから始まって、ロースト[※7]して、1個1個殻をむいてそこから何時間もメランジ[※8]して……。何時間くらいやりました？

S 6時間くらいかな。

C 僕は17時間やってます（笑）。

チョコワード注釈

※1 アメデイ
イタリア・ピサにあるチョコレートブランド。ワイン作りにならった、こだわり抜いた製法から、「チョコレート界のロマネ・コンティ」の異名を持つ。板チョコ1枚2000円を超える商品もあるが、当時のチョコレートくんは知らなかったそう。

※2 ビーントゥバー
職人がカカオ豆（ビーン）から板チョコ（バー）になるまでを一貫して手がける、チョコレート作りの新しいスタイル、またはそうして作られたチョコレート。

※3 ヴァローナ社
1922年創業のフランスの老舗チョコレートメーカー。世界各地にカカオの農園を持ち、クーベルチュールが世界中のトップパティシエ、ショコラティエから支持されるほか、一般向けのチョコレート製品も高いクオリティで知られている。

※4 サロン・デュ・ショコラ
1995年にパリで始まり、その後アメリカや中国など世界各国でも独自に開催されているチョコレートの祭典。日本でも2003年の東京を皮切りに全国の都市で行われている。世界中のチョコレートブランドや有名ショコラティエが来場して新作や技術を披露する、チョコレート好きの聖地。

※5 ドモーリ社
イタリア・トリノのチョコレートメーカー。創業者のジャンルーカ・フランゾーニ氏は、世界各地のカカオ品種の特徴を最大限に活かすチョコレート作りで知られる。